JN410727

박래흥 수필집

시공을 떠돌다 간 바람

현대문예

작가의 말

이곳저곳
바람처럼 떠돌다가 머무는 곳이 고향이더라

그리움이 수평선 넘어 밀물처럼 달려와
바윗돌 같은 내 가슴에 부딪쳐 깨어지고
썰물처럼 밀려가도 기다리는 것이 사랑이더라

황혼에 로뎅의 생각하는 사람으로 앉아보니
청춘시절의 부귀영화도 노을빛 사랑도
안개구름이요 전도서 1장 2절 말씀이더라

보릿고개 넘으며 울고 웃고 살아보았기
때문에 느낄 수가 있고 알 수가 있더라

아무리 주어진 환경이 천박하더라도
자기 노력 여부에 따라서 달라지더라

성근시보誠勤是寶의 자세로 능력은 없어도
최선을 다해서 노력하는 것이 보배이더라

누구를 탓하지 말라
아무리 어려워도 살아 볼만한 세상이더라
전분세락轉糞世樂이라더라
개똥밭에 굴러도 저승보다 이승이 좋다더라.

지산동 동계마을에서 朴來興

박래흥 수필집 **

차례

6부 철조망에 걸린 반달 제4시집

7부 세월 속에 갇힌 나를 찾아

8부 밀양 박씨 세계도世系圖

1부

어머니의 국밥

무등산 · 85

밤에는 황홀한 동침하고 시치미 뗀
아침이면 저 멀리 떨어져 보이다가
석양엔
외로워 다시 내 곁에 내려오는 산

꽃빛깔 아름답고 향기 날로 새로워
백번 천 번 올라도 또 오르고 싶은
당신은 어머니 사랑 포근한 그리움

계절마다 명자꽃 진달래꽃 동백꽃
울긋불긋 생리할 때 나를 부르는 넌
장미꽃 가시에 찔린 듯이 아픈 오월

빛고을 멍든 가슴에 산철쭉 꽃 피운다.

어머니의 국밥

세월이 마음을 넓혀 산을 낮추고 들을 좁힌 이 가을, 남쪽을 그리는 마음으로 백두에서 한라를 향해 내려오던 단풍이 휴전선 철조망에 걸려 넘어지고 찢어져서 빨간 피, 노란 피, 주홍 피를 뚝뚝 흘리며 무등산까지 내려와 아름답게 물들었다.

가을이면 보석 같은 눈물을 반짝반짝 보이시던 우리 어머님은 문자와 계산이 대학을 졸업한 아들보다 빠르셨다. 그리고 논어의 〈君子和而不同 小人同而不和〉란 글귀를 자식들에게 항상 강조하셨다. "군자는 전체의 균형 속에서 자신의 개성을 지켜가지만, 소인은 전체의 균형도 깨고 자신의 개성도 지켜나가지 못한다." 원만하고 따뜻한 성품을 가졌으면서도 흔들리지 않는 뚜렷한 개성을 보이는 사람이 되라는 말씀임을 커서야 깨달았다. 사람마다 자율과 화해를 앞세우는 요즘 세태에서 재음미 해 볼만한 말씀이다.

유년시절 산짐승 울음소리가 무서워서 벌벌 떨던 밤이면 6 · 25 때 삼촌을 잃어 한이 맺혀 있는 할머니 품속 이불에 나는 통일된 지도를 자주 그리곤 했다. 그러던 어느 날 나는 빨갛게 익은 뒤 안의 감을 따먹다가 서로 많이 먹겠다고 형과 싸움질 하다가 어머님한테 들켰다. 종아리를 맞던 형은 도망을 가서 덜 맞았는데 나는 고집이 세서 도망가지 않고 어머님 매를 다 맞았다. '이놈아 어서 도망가야 때리다' 지친 어머님과 나는 얼싸안고 울었다.

무등산이 훤히 보이고 굽이굽이 흐르는 황룡강의 아름다운 경관을 한 눈에 볼 수 있는 바위고개가 있다. 광주에서 자취한 아들을 위해 10여 년 동안 무거운 쌀과 김치를 머리에 이고 어머니가 넘은 바위고개이다. 이 고개를 문병란 교수님은 고모령 고개라고 이름을 붙여 주셨다.

가암산佳巖山 고모령 고개에 홀로 앉아 차를 타고 떠나는 아들을 보시고서야 부엉이 울음소리를 들으며 집으로 가시던 어머님, 어느 늦가을 참깨를 털다 자취한 아들이 생각나셨는지 공원 앞 돼지국밥 집에서 초승달 같은 말표 고무신에 가득 담아 오신 고향소식을 풀어 놓으셨다. 그리고 한 그릇 국밥을 시켜놓고 '나는 밥 먹고 왔다 아가 어서 빨리 먹어라'하신 어머님, 점심을 드시지 않았음을 누구보다 나는 잘 알고 있기에 어머님이 더욱 그리워지는 가을이다.

어머니의 국밥

땡볕에 참깨 털다 자취한 아들 생각
공원 앞 돼지국밥 한 그릇 시켜놓고
아들아 난 먹고 왔다 어서 빨리 먹어라.

육남매 무게만큼 허리는 꼬불꼬불
목메어 못 삼키고 눈물만 고이는데
주린 배 자식 사랑에 참고 참는 어머니.

심은 대로 거두고 깨 한 톨 아낀 근검
힘들고 가난한 삶 허허로 맞이하며
한 평생 일개미처럼 땅 구멍만 파셨네.

동족상잔의 6 · 25 전쟁은 우리 집에 어머니 두 분을 만들었다. 홀로 사시는 큰어머님을 40여 년 모시고 살다가 10여 년 전에 큰어머님이 중풍으로 쓰러지시자 뒷바라지 하시던 어머님이 간경화라는 병을 얻고 의사 선생님은 입원하시라고 했는데, 내가 입원하면 누워계신 형님은 누가 돌보냐며 입원하지 않으셨다.

결국 어머님은 조대병원 응급실에 입원하셨고 MRI 촬영실 문틈으로 나를 보신 어머니 '나는 괜찮다 아가 너도 찍어봐라.' 죽음의 문턱에서 자신보다 아들을 생각하시고 병석에 누워계신 큰어머니를 걱정하시다 응급실에서 12살이 많으신 큰어머니보다 먼저 돌아가셨다.

잊을 수 없는 어머님과의 수많은 일들이 영화 스크린처럼 아름다운 추억, 아니 애시린 추억으로 떠오른다. 희망하는 대학에 합격했을 때 가장 아끼시던 문전옥답을 팔아 등록금을 마련하셨고, 포병관측장교로 강원도 양구군 피의 능선에 근무하는 그 머나먼 산골짝까지 면회 오셨을 때 삶아온 촌닭이 변해버려 먹지 못하고 버릴 때 아까워하신 어머니를 잊을 수가 없다. 순위고사에 합격하여 영광에 근무할 때 아들이 선생님이 되었다고 온 동네 자랑하시던 어머니 시인으로 등단했을 때는 보이지 않은 눈물을 흘리며 감격하셨다.

오월 어버이날이 돌아 올 때마다 장애우가 만든 카네이션을 자랑스럽게 사서 두 어머님 가슴에 달아드리는 재미로 고향에 찾아갔는데 이젠 카네이션도 달아드릴 아무도 없어서 어버이날은 더욱 쓸쓸하다. 아니 풍수지탄(風樹之嘆)의 한으로 통곡하며 이젠 내가 어머님께 했든 것처럼 자식들이 내 가슴에 꽃을 달아준다.

가을걷이 끝난 들판처럼 쓸쓸한 황혼의 나이가 되어버렸다. 강건해야 80이라는 인생은 너무 무상하다.

지난 과거는 항상 아쉽고 미래의 희망은 크다. 큰 희망은 작은 과거로 흘러가버리는 경향이 많다. 그것은 분수에 맞지 않는 계획수립과 오늘의 삶에 최선의 노력을 다하지 못했기 때문이다.

우리의 역사와 문화가 생성 발전하고 경제가 성장한 것은 고답적으로 답습해 온 획일주의나 무사안일주의에 있는 것이 아니라 고난, 억압, 불의에 과감히 반항하고 도전하는 용기와 창조적 정신에 의거했기 때문이다. 실패와 재도전 없이는 발전 할 수 없다.

어머니의 근면하고 검소한 생활과 샘물처럼 끊임없이 솟아나는 인간다운 사랑과 인내하는 정신에 의거했기 때문이다. 개인의 영달보다 자식과 조국을 위해 쏟은 어머니의 큰 사랑, 희생적인 사랑이 있었기 때문이다. 어머님이 남기신 교훈이라 생각하고 남은 생을 최선을 다해 노력하는 삶, 분수에 맞는 삶, 아름다운 행동으로 인간답게 살아가는 삶을 터득하는 것이 무엇보다 중요하다고 생각한다. 이 가을 어머님이 너무 그리워 어머님을 꼭 닮은 경기도 성남 여동생 집에 간다.

〈수필시대〉 2009년 3/4 통권 제25호〉

시인과 막걸리

눈이 펑펑 쏟아지는 날이면 엉덩이가 근질근질 하는지 집에 있지 못하고 까맣게 물들인 군복 깃을 세우고 보헤미안처럼 나를 찾아오는 시인이 있다. 작은 키에 안경 쓴 당찬 모습의 김만옥 선배 시인이다. 유일하게 대학 1학년학생으로서 시인인 그는 막걸리를 무척 좋아했다. 막걸리 아홉 사발 정도 마셔야 말을 시작하는 김만옥 그를 '침묵의 시인, 고독의 시인' 이라 일컬었다.

시인의 고향은 완도 청산이며 6.25 때 아버지를 여의고 가난과 평생을 동거하신 어머니의 사랑을 뿌리치고 광주 조대부고에 장학생으로 입학하였다. 완도중학교에서 천재라는 말을 듣고 졸업한 그는 글재주가 뛰어나 고등학교 때 학원 문학상을 수상했고 시집도 발간하였다. 얼마 후 어머니도 광주로 이사하여 파출부로 하나인 아들을 대학까지 보냈다.

조선대학교 학보사 기자 및 편집장을 하면서 여러 잡지사나 신문사에 시, 소설, 수필, 동화 등 많은 글을 발표하여 받은 상금으로 전셋집을 얻어 살다가 돈이 떨어지면 무등산 증심사 가는 동족골 산비탈 밭에 토담집을 짓고 살았다. 가을 어느 날 서울 시상식에 갔다 와서 보니 도둑이 들었다. '우리 집에 온 도둑놈은 더럽게 재수 없는 도둑놈이여 가져갈 것이 있어야지'라고 황당해 하였다.

글이 쉽게 쓰인 날은 꼭 방림동 나의 자취집을 찾아왔고 우리는 방림동 할머니집이나, 학동 시장에서 술을 마셨다. 술값이 넉넉하지 못한 때라 오징어회 무침 하나 시켜 놓고 둘이서 무슨 말을 하며 마셨는지 한 말 다섯 되의 막걸리를 마신적도 있었다. 언제나 술기운이 올라오면 정이 솟는지 보고 싶은 친구를 한 사람 한 사람 부른다.

어느 날 모두 막걸리를 마시는데 혼자서 맥주를 시키는 친구가 있었다. 한참 맥주를 마시던 친구가 화장실에 갔다 왔다. '비싼 맥주가 남아있네'하며 첨잔을 했다. 한참을 꿀꺽꿀꺽 마시던 친구는 '맥주 맛이 이상하다'말했다. '김이 빠졌을까' 비위 돈다며 약국에 은단을 사러 가면 눈치를 첸 나는 속으로 배꼽을 잡고 웃었다. 만류하지 못한 나도 공범 같아 죄송할 따름이다. 그들은 지금도 그 사실을 모르고 있을 것이다. 김만옥 시인은 가끔 빈맥주병에 오줌을 싸는 버릇이 있었다. 맥주와 오줌 색깔은 너무 똑같다. 선배 시인은 술이 취해 모르고 한 행동인지 고의적으로 하고 시치미를 떼는 것인지 알 수 없다.

5 · 16민족 문학상을 수상 할 무렵 시인을 찾아온 서울 부잣집 예쁜 여대생이 김만옥의 시를 읽고 그의 시에 반해서 광주에 잠깐 만나러 왔다가 동거에 들어갔다. 큰딸 봄뫼, 둘째 방글, 셋째 빛나를 낳은 한상숙 여사였다. 나는 군에 입대하였고 연락이 잠간 끊어졌다. 제대 후에 영광에서 교직의 첫발을 내딛기 시작할 무렵 한 장의 엽서가 날아왔다.

그리운 그대

우리들 세대의/ 가장 맑은 거울이던 그대
지금 어느 시간의 처음을/ 출발하고 있는지
바다를 무시로 횡단하는/ 돛배의 마음으로
혹은 어느 시간의 끝을/ 내다보고 있는지
그리고 오렌지 빛 희망을/ 가슴 안에 채우고 있는지
잊혀져가는 이름을 불러/ 오늘 하루 망망한
바다위에 하나/ 종이배로 떠보노라.

편지를 받고 선배님을 만나려고 토요일 오후 광주에 왔다. 청천벽력 같은 비보를 들었다. 나흘 전에 농약으로 음독자살을 한 뒤였다. 나는 맨 먼저 홀로 아들 하나 처다 보며 평생 살아오신 어머니 얼굴이 떠올랐다. 아내 한상숙씨와 세 딸 봄뫼, 방글, 빛나 얼굴이 벽에 붙은 슬픈 영화 조역들의 얼굴처럼 스쳐지나간다.

'인간은 나서 고생하다 죽는다.' 라고 말한 중국 현자의 말이 떠오른다. 러시아 대표작가 아르쯔바쎄이브가 쓴 소설 〈싸닌〉에서 자살한 친한 친구의 무덤 위에 올라가서 이 세상에서 가장 바보가 하나 없어져서 기쁘다. 라는 역설적인 외침이 귀에 쩌렁쩌렁 들려온다.

유명한 배우, 가수, 탤런트들이 자살하는 오늘의 풍토에서 우리는 이제 생명존중의 길을 확대시켜 나가는 데 조금도 게을리 해서는 안 된다. 생명적 인간주의, 생명적 민중, 생명적 민족, 생명적 평화와 자유를 추구하고 번성시키는 데 온갖 열정을 쏟아야 할 시대에 살고 있다.

어느 겨울밤 프로이드 정신분석학을 읽으며 삶과 죽음에 대하여 깊이 생각하다가 꿈을 꾸었다. 강도가 쏜 권총에 맞아 피를 흘리며 죽어가는 정말 같은 꿈이었다. 파랑새 잡으려고 떠난 유년은 영원히 돌아오지 않고 목적 없이 방황한 세월 꿈속에서 찾은 길, 인생은 남가일몽인데 욕심으로 바벨탑 쌓고 돈키호테처럼 살아온 삶이 모두 헛된 눈물이었다. 믿음은 진실에서 나고 소망은 그리움에 솟고 사랑은 용서로 도말한 십자가 예수의 피라는 것을 깨닫고 앞으로 사랑을 그리움처럼 뿌리면 온 누리는 아름다운 천국이 되겠구나. 소중한 깨달음이었다.

자살을 한 번이라도 생각해 본 사람들이여! 죽을 수 있는 용기로 살아가면 무엇을 못 이루겠는가. 나는 삶이 아무리 힘들다 하여도 남은 생을 주님께 영광 돌리는 삶, 모든 사람을 이해하고 사랑하는 삶, 부귀에도 음淫하지 않고 빈천에도 변하지 않고 위무威武에도 굴하지 않는 사람으로 살겠다.

지금 눈이 펑펑 내리고 있습니다. 김만옥 선배 시인이 그리워지는 계절입니다. 지금 인천에서 유치원 선생님으로 계시는 한상숙 여사와 세 딸들을 올 겨울엔 꼭 만나보아야겠다. 함평월야면 백야에 조용히 누워 있는 김만옥金萬玉 선배 시인을 찾아가서 막걸리 한 잔 올려야겠다.

그리운 선생님

스승의 날에는 이런 선생님이 되겠다고 계획을 세우지만 그 자리에 아무 것도 이룬 것 없이 내 시간은 누구에게 빼앗긴 듯이 텅 빈 허탈감만 남아 한 해의 끝자락에 서 있다.

20세기가 낳은 위대한 성인이었던 인도의 간디는 국가가 위급상황에 떨어지는 조건을 첫째 원칙 없는 정치 둘째 도덕성 없는 상업 셋째 노동 없는 부이며 넷째 인간성 없는 과학 다섯째 양심 없는 쾌락 여섯째 희생 없는 신앙 일곱째 인격 없는 교육, 이럴 때 국가는 희망이 없으며 멸망의 길로 나아갈 것이라고 말하였다.

간디가 말한 마지막 조건인 '인격 없는 교육'이란 구절은 교육에 몸담고 있는 우리에게 많은 것을 생각하게 한다. 내가 생각하는 참교육이란 인간다운 인간을 만들고, 더불어 살아가는 삶, 남을 위해 봉사하고 희생하는 삶, 근면하고 검소한 삶, 이해하고 용서하는 삶, 올바른 인격을 가르치고 기르는데 있다고 주장하고 싶다. 특히 그 인격의 기초가 '가정과 학교'에서 비롯된다고 말하였던 페스탈로치의 '전인교육론'이 현대의 가정과 학교 교실에서 사라져 버린 지 오래 되었다. 간디는 이를 '인격 없는 교육' 의 위기라고 지적하였던 것이다. 물론 복합적 오염과 총체적 비극에 휩싸여 있는 이 시대에서 오직 교육만이 청정할 수 없다고 생각한다. 그러나 교육은 우리 모두가 지키고 살려야 할 최후의 희망인 것이다.

독서는 사람을 풍요롭게 해 주고 글쓰기는 사람을 정교하게 해 준다. 그러나 우리의 줄 세우기 경쟁 교육은 학생들에게 독서와 글쓰기에서 멀어지게 한다. 잠도 제대로 못 자고 밥도 제때 못 먹고 친구도 사귀지 못하고 자연도 벗하지 못한다. 세계에서 가장 많은 시간을 공부하면서도 문학작품 읽을 시간적 여유가 없는 것이 우리 학생들의 실상이다. 학교는 마음 놓고 잠을 자는 곳이다. 이청준의 소설 '눈길'을 수업해도 잠자고 재미있는 '춘향전'을 수업해도 잠자거나 떠든다. 그래도 교편 잡은 스승이 별로 없다. 아니 교편을 잡았다간 폭력 교사로 구속 되도록 교육과학기술부가 만든 교육제도이다. 잠자거나 떠들고 장난해도 마음 편하게 무관심 하는 것이 오늘의 교육 현실이다.

표면적인 감각과 무절제한 쾌락으로 정신의 긴장을 풀어 헤친 학생들은 무엇과도 바꿀 수없는 소중한 꿈을 내어 던지며 목적 없이 방황하다 성적이 떨어졌다고 비관하여 목숨까지도 끊어 버리는 현실을 볼 때마다 앞날이 걱정된다. 저 학생들의 나쁜 버릇을 어떻게 고쳐줄까 선생님에 대한 고마움도 없고 기본질서도 안 지키며 옳고 그름의 판단력도 없는 고삐 빠진 망아지 같은 저 학생들을 어떻게 지도해야 할까 오늘의 교육현실이 서글프다. 정치, 경제, 사회, 문화는 대립으로 멍들고 불신, 무책임, 권력형 비리 욕심으로 오염되어 쓰러질 것만 같다.

나는 지금 엉덩이와 종아리를 퍼렇게 때렸던 선생님이 그리워진다. 매한데 큰절을 하고 싶다. 중학교 백일장 대회 때 장원한 나를 살짝 불러 '너는 글에 소질이 있다. 앞으로 글을 써라.' 칭찬과 격려를 해주시던 국어선생님이 계신다. 열심히 공부 하던 국어 문제집을 누군가 훔쳐가 버렸다. 항상 출석을 부르지 않은 국어 시간에 몰래 빠져나와 문제집을 사가지고 왔는데 그만 들통이 나버렸다. 화가 나신 국어 선생님은 '믿는 도끼에 발등 찍힌다더니 이놈이 배신을 해 이런 놈은 매를 맞아야 한다.' 며 종아리와 엉덩이가 퍼렇게 멍들도록 때리셨다. 얼마나 아팠는지 모른다. 그때는 선생님을 얼마나 저주했는지 모른다. 퉁퉁 부어오른 다리를 절뚝거리며 집으로 가는 바위고개에 누워 푸른 하늘을 향해 나는 당신보다 더 훌륭한 국어 선생님이 되겠다고 울부짖으며 다짐했다. 그때부터 국어를 더욱 열심히 공부했고 문학작품도 손에 잡히는 대로 읽었다. 작품을 읽을수록 마음이 넓어지고 생각이 깊어져서 결국 선생님을 이해하고 고마워지기 시작했다. 그 선생님은 나를 국어교사가 되도록 은혜를 베풀어주신 고마우신 선생님이시다. 죽도록 때리셨던 선생님이 더욱 그리워지는 밤이다.

양적 성취만이 아니라 아름다운 꿈과 높은 이상을 갖고 생활하는 사람이 되어야 한다. 어떤 상황에서나 대처할 수 있는 다양한 능력을 요구하는 시대, 급격한 변화와 다양한 능력을 요구하는 시대, 새로운 문화가 찬란한 희망의 빛으로 찾아온다 하여도 우리들의 새로운 마음가짐과 새롭게 공교육을 살려 의식을 변화시키지 않고는 우리의 삶과 인격이 새롭게 바뀔 수 없다.

세계는 시간과 공간을 초월하고 국경과 이념을 넘어서 하나의 지구촌으로 묶여 온 인류가 무한한 경쟁 속에서도 한 가족처럼 더불어 살아가려고 최선의 노력을 하고 있는데, 잃어버린 10년이라 떠들어 대더니 공들여 쌓아 놓은 탑이 허물어지고 있는 것은 아닌지 모르겠다. 지구상에 유일하게 같은 민족이 분단된 부끄러운 민족이다. 하루 빨리 민족통일을 위해 모두가 살신성인의 자세로 임해야한다.

오늘날 우리의 꿈과 과업은 '조국 선진화'와 '민족통일'을 성취시키는 일이라고 생각한다. 합리적인 공동체 의식을 지니고 우리 모두는 지역적 편협성과 계층적 소외감 등을 과감하게 떨쳐버리고 대화합을 이룩하는데 우리 모두 앞장서야 하겠다. 우리 사회는 물질 만능주의와 이기주의가 만연하여 어려운 이웃을 생각하고 정의를 돕는 일에 무관심한 사람이 너무나 많다. 우리 모두는 이웃을 사랑하고 은혜에 감사하며 자기 발전을 위해 지식을 쌓고 도덕성을 지니며 스스로 맡은 일에 책임을 다하는 인간다운 인간이 되도록 다 같이 노력합시다.

영국 시인 앨프리드 테니슨은 '남자는 칼, 여자는 바늘'이라고 비유했다. 칼이 분리와 대립의 상징이라면 바늘은 융합과 창조의 상징이다. 남성들이 칼로 나무를 베고 전쟁을 할 때 여성들은 바늘을 가지고 찢어지고 해진 것을 깁고 합쳐 다시 생명력을 불어넣어야 한다고 말했다.

<문예운동> 2010년 여름 제106호

인간화에 대한 탐색

문학은 인간이 지구상에 살면서부터 오늘날에 이르기까지 인간생활 속에 존재하며 발전해 왔다. 문학은 정치, 경제, 사회, 문화 등 모든 사회적 활동의 산물이 인간됨을 지향하는 것이어야 하듯이 문학 활동을 통해서 자신과 이웃이 인간답게 자유롭고 평등하게 더불어 살아 갈 수 있는 방향으로 공헌하는 것이어야 한다. 문학은 사랑과 노동, 자유와 평화, 생명을 존중하고 중시하는 세상을 만들어 나가는데 노력해야 한다. 참된 삶이란 무엇이고 행복이란 무엇인지 깨닫게 해야 한다. 남을 배려하고 조국을 위해 고뇌하며 몸 바쳐 싸우고 아름다움을 창조해야 한다. 우리나라 문학은 민주화에 대한 힘이요, 통일에 대한 염원이다. 정약용 시인은 불우국비시야不憂國非詩也 나라를 걱정하지 않는 것이 어찌 시겠느냐.

나는 글을 쓰기 전에 먼저 사람이 되어야 한다는 말부터 하고 싶다. 문학은 어디까지나 이 시대의 비인간적인 모든 것들을 인간화시키는 데 그 고유의 사명을 다해야 하기 때문이다. 나는 시를 쓰고 있기 때문에 나의 문학관은 시에 대한 문학관이라고 말하고자 한다. 문학은 인간의 사상, 감정, 체험, 상상 등을 일정한 형식에 맞춰 표현한 것이다. 특히 문학 속의 시는 열정이요, 사랑의 극치이며, 인간성을 신뢰할 때 희망이라고 말할 수 있다. 문학은 잃어버린 감동을 회복함으로써 문학이 지니고 있는 본래적인 사랑과 재미와 아름다움을 되찾을 수 있을 것이다.

우리나라가 독재에서 민주화로 나아가지 못하고, 분단에서 통일로 나아가지 못할 때, 문학인으로서 조국을 위해 헌신할 수 있는 길이 무엇인가를 분명히 자각하여, 하늘을 우러러 한 점 부끄럼이 없는 자세로 펜을 잡아야 할 것이다. 어떠한 희생이 있더라도 용기 있게 정의를 말할 때 문학인에게 독자는 격려와 힘을 줄 것이다.

문학인은 현실 사회를 올바른 눈으로 냉철하게 직시하고, 현실을 모범적으로 살아가고, 현실을 충실하게 담아내려는 작품 활동이 필요하다. 무사안일로 침묵과 방관하는 자는 죄악의 편이고 불의의 편이다. 참된 양심을 바탕으로 독자들에게 올바른 가치관을 형성시켜 줌으로써 사상과 해맑은 감성을 지니게 해 주어야 한다.

일제 식민치하에서 오늘에 이르기까지 문학인으로서 참된 사명을 가지고 불의에 항거하며, 펜은 칼보다 강하다는 사실을 온몸으로 보여준 문인들을 살펴보면, 일제 식민치하에서 조국의 독립을 염원하면서 시혼을 불태웠던 '서시' 의 작가 윤동주 시인, 일제에 저항하는 글을 발표하여 17번의 투옥 끝에 차디찬 감옥 안에서 해방을 갈망하면서 죽어간 이육사 시인, '빼앗긴 들에도 봄은 오는가' 의 이상화 시인, 3.1운동 당시 민족대표 33인으로서' 님의 침묵'을 써서 한민족에게 독립 혼을 고취시켰던 만해 한용운 시인, 등이 있으며, 분단 이후 김수영, 신동엽 시인의 민족혼과 4.19정신 그리고 민중의 뜨거운 함성을 담은 시에서 엿볼 수 있는 치열한 의식의 서정적 조화 또한 독재정치에 아부하거나 굴복하지 않은 의연한 몸부림을 발견할 수 있다.

70년대 그 어두운 유신체재 상황 하에서 민주주의 싹을 키우며 촛불처럼 자신을 희생하면서 어둠 속의 불꽃이라 했던 김지하 시인, 80년 광주의 5월을 문학적으로 승화시키면서 군부독재에 맞서 오로지 펜과 문학을 통한 처절한 저항을 펼쳤던 문병란 시인, 김준태 시인, 김남주 시인 등이 있으니, 어느 외지에 보도되기를 한국의 민중 시인들은 현 정부에 '화염병 대신 시들을 던졌다'고 보도했다. 시인들로서는 문병란, 김지하, 양성우의 이름을 보였고, 80년대에 새롭게 출현되고 있는 노동문학을 소개하며 박노해 시인의 「노동의 새벽」을 예로서 보도했고, 앞으로 전망과 과제들을 제시한 바 있다.

어떠한 불의와도 타협하지 않는 작가 정신을 가지고 옳고 그름을 판단하여 작품을 쓸 때 그 작품은 독자들에게 빛과 소금이 될 수 있으며, 현실을 극복할 수 있는 밑거름이 된다고 말할 수 있을 것이다. 나라가 태평할 때는 문학인은 아름다움이나 재미를 창조하지만, 나라를 잃고 억압받을 때 문학인은 민족의 해방과 눌린 사람들의 자유와 존엄성을 옹호하는 문학사상이 필요하다. 시는 인간과 인간을 연결시켜 줌으로써 새로운 생명을 잉태케 할 뿐만 아니라 순수한 감정을 서로 나누어 가지게 해야 한다. "시를 아름답게 하는 것은 아름다운 인간, 아름다운 행동, 아름다운 생활에 대한 불타는 그리움과 추구" 라며 아름다운 시보다 아름다운 작가의 생활을 더 사랑했던 김기림 시인처럼 비인간적인 사람이 천부적인 소질로 매끈하고 아름답게 쓴 시, 온실에서 피어난 향기 없는 꽃 같은 시보다 각고의 노력과 인내로 피워낸 인간적인 냄새가 물씬 풍기는 들국화 같은 시를 나는 더 사랑하련다. 바윗돌 하나 부서짐을 아파하고, 풀꽃 하나에서 우러나오는 생명의 소중함과 아름다움과 사랑함을 대화하고, 겸손한 입술로 시의 진실과 입 맞추며 한 계단 한 계단 배워나가는 시인의 자세가 중요하다고 생각한다.

요즘 많은 시인들이 시를 쓸 때 대상에 대하여 설명하려는 경향이 많은데, 보이는 부분보다는 보이지 않는 부분까지 볼 수 있는 안목, 즉 세심한 관찰력, 체험, 상상을 섞어서 쓰면 좋은 시가 될 것이다. 시는 대중 문학이 아니라 고급 문학이다. 시는 상징과 은유, 지성과 감성이 뒤섞인 고도한 기법을 요하기 때문이다. 시어를 경제적으로 사용하기 위한 긴축정책과 구조조정이 요구되며, 평면적 언어를 지나서 시가 다른 장르에 비하여 소량으로 승부를 거는 것은 입체적 시어이기 때문이다. 인생을 달관한 듯 느낌을 줄 정도로 격조 높은 잠세적潛勢的 시어를 내포하고 있어야 한다. 사물을 투시하는 통찰력이 예리해야 하고, 주제를 위해서 동원되는 언어를 시어로 부려 쓸 줄 알아야 한다.

세상에는 슬픔 없이 피는 꽃 없고, 아픔 없이 영그는 열매가 없다. 편하게 꽃 피고 영그는 열매는 어디에도 없을 것이다. 이름을 알 수 없는 한 송이 풀꽃도 사람들의 아픔을 보며 역경 속에서 비바람에 부딪히며 멍들고 찢기면서 피었다고 말할 수 있을 것이다. 우리 인생도 꼭 그와 같지 않을까? 나는 앞으로 모진 비바람의 역경 속에서도 절망하지 않고 희망을 말하는 시, 뿌리 깊은 나무는 태풍이 몰아쳐도 끄떡없듯이 튼튼한 삶의 시를 쓰기 위해 노력할 것이다. 죽은 나무와 돌에 예술적 생명을 불어넣는 마음으로, 그리고 그러한 작업을 통해 시의 근본정신이라고 할 창조 정신과 자유의 정신, 주체의 정신을 구현해 가고자 한다. 우리나라 사람들이라면 함께 울고 웃고 힘을 얻을 수 있는 바로 그런 글을 쓰고 싶다.

월간<문학공간> 2008년 5월호

가을빛 유혹

형형색색의 웃음을 터뜨리는 가을, 백양사에서 약사암으로 오르는 길 애기단풍의 색동옷자락은 '상엽홍어이월화霜葉紅於二月花 서리 맞은 잎이 이월의 꽃보다 더 붉다' 라는 두보의 산행이란 한시 보다 훨씬 붉고 아름답고 황홀하다. 단풍 중에서 가장 붉고 아름다운 단풍은 옻나무의 단풍이다. 꽃보다 붉은 옻나무 아래서 시조 한 수 읊어본다.

꽃보다 붉은 옻나무

탕탕탕 가을이다 빨간 깃발 흔들면
온 산이 울긋불긋 불타기 시작함은
누군가 사랑한 마음 뜨거웠기 때문이리

타인의 건강 위해 옻닭으로 삶아지고
꽃씨도 없는 것이 꽃보다 붉은 것은
마음씨 아름다움을 간직했기 때문이리

골수로 세간들을 빛나게 하는 것도
나보다 남을 위한 사랑의 조루현상
나는야 남을 위하여 그 언제나 불탈까.

힘들게 오른 백암산 정상 상왕봉 만학천봉이 발아래 숨겨 놓았던 모든 물감들을 뽑아 올려 오색으로 불타고 있다. 백암산 애기단풍과 어우러진 내장산 신선봉 단풍을 멀리서 바라 본 감정과 흥은 끝이 없고 내가 신선이 된 것이 분명했다. 사자봉에 올라 요원의 불길처럼 온통 붉어진 우리 일행은 신선이 되어 점심을 먹었다. 황선생과 나는 내놓을 것이 없었다. 우리 집 옆에 맛있는 김밥집이 있다고 했더니 주문을 같이 하자고 해서 그러기로 했는데 어제 밤 서울에서 오신 손님 밤늦도록 접대하는 바람에 그만 늦잠을 잤다. 부랴부랴 김밥 집을 찾았지만 가는 날이 초상집이라더니 문이 잠겨 있는 관계로 김밥을 못 샀다.

산행을 같이한 동료들의 십시일반으로 모아진 점심밥은 진수성찬으로 꿀맛 같은 점심 식사를 했다. 공자님의 인자요산仁者樂山을 실감했다 산을 좋아하는 사람은 선하고 어질고 정이 넘친다. 힘들게 가지고온 음식을 골고루 다 내어 놓는다. 미안했지만 맛있게 잘 먹었다. 너무나 고마워 눈물이 나왔다.

가인 마을에서 내려오는 가을의 어둑어둑한 밤길은 꼭 고향에서 광주 오는 길처럼 어둡고 무서운 길이었다. 10여 년 전 오늘 같은 가을 밤길이 생각난다. 부모님 일손을 젊은 내가 도와드리지 안하면 늙으신 부모님께서 고생하실 것을 생각하여 저녁 늦도록 일을 다 끝내고 시내버스를 타기 위해 꼬불꼬불 캄캄한 비포장도로 오리를 걸어갔다. 귀신이 나오고 도깨비가 나온다는 공동묘지를 지날 때 무서워 머리끝이 쫑긋쫑긋 설 때 자동차 불빛은 너무 고마웠다. 그런데 그 차가 내 앞을 지날 때 갑자기 덜그렁 덜그렁 하더니 무엇이 어둠속에 마구 쏟아진다. 파고다 빵이었다. 큰소리로 '빵 빠졌소.' 외쳐댔지만 빵 차는 그냥 가버리고 어둠속 메아리만 되돌아왔다.

빵을 갓길로 모아 놓을 때 택시가 왔다 빵이 빠졌다는 것을 빵차에게 알려주기 위해서 손을 들었지만 그냥 비켜가 버렸다. 빵을 배낭 빈 사이사이 호주머니에 넣을 수 있는 곳은 다 넣었지만 그래도 많이 남아서 두 손으로 안고 시내버스 정류장에 왔지만 빵차는 오지 않았다.

105번 시내버스를 탔다. 기사 아저씨는 '오매 무슨 빵을 그렇게 많이 사셨오.' 네 명의 승객과 나눠 먹으면서 늙으신 부모님 일손 도와드려서 하나님께서 내려 주신 은총이로구나 생각하면서 집에 도착했다. 앞집 위층 아래층 서로 나눠 먹었다.

항상 푸를 것만 같았던 나뭇잎들이 오색으로 물들어 황홀한 아름다움으로 불타고 있다. 나의 인생도 황혼의 나이가 되어 저 아름다운 단풍처럼 찬란하게 불타고 싶다. 오늘날처럼 어려울 때일지라도 모함하지 말고 부유하다고해서 교만하지 말라고 안중근 의사는 유언처럼 감옥에서 강조했다. 그 의미는 우리 민족을 깨우치고 일본 민족에게 경고하신 말이었다.

세상은 무대와 같고 인생은 그 무대에서 연극하는 배우와 같다. 세상이라는 무대에서 저마다 어떤 역할을 맡는 인생의 배우다. 연습이 없는 일 막으로 끝나는 연극과 같다. 주연이거나 조연이거나 자기가 맡은 역할을 감사하고 감사하는 마음으로 받아들여 최선을 다해 노력하는 삶, 봉사하고 남을 위해 살신성인의 삶을 다짐하면서 부모님 일손 도와드리고 오는 길에서 빵을 온몸에 가득 품은 그날의 행복함 가득 싣고 흐뭇한 마음으로 광주를 향해 학교버스는 붉은 애기단풍을 날리며 달린다.

〈수필시대〉 2009년 11/12 통권 제29호

주님과의 마지막 약속

문화와 풍습, 기후가 다른 몽골의 어려운 환경 속에서 복음을 전하고 계시는 선교사의 생활과 먼 곳까지 전도하기 위해 육로로 가시다가 차량 전복으로 사망하신 화순 교회 형제들의 이야기를 몽골교회 김찬호 목사님께서 해주셨습니다. 눈물바다를 이루게 하는 슬픈 간증이었습니다. 그러나 저는 그런 슬픈 간증도 아니요 감동을 주는 간증도 아니어서 부끄럽기 그지없지만 구원받기 전까지의 나의 삶은 얼마나 의미 없는 삶이었고 주님을 믿고 구원 받은 삶이 얼마나 행복한 삶인지 말하고 싶습니다. 대학시절과 군대 시절 술고래요, 담배골초였던 제가 어떻게 해서 주님을 영접하고 구원 받았는지를 간단하게 간증하고자 합니다.

우리 아버님은 한학을 공부하셨고 공자님 맹자님을 신봉하며 제사를 정성껏 지내야 복을 주신다는 기복신앙 즉 유교 집안에서 저는 태어났습니다. 초등학교 5학년 때 처음으로 우리 마을에 하나님 말씀을 전하기 위해 예쁜 여전도사가 3개월 정도 머물며 주님말씀을 전했는데, 나와 단짝 친구 노××는 주님말씀 전하는 집회장소 밖에서 '하나님을 믿으려면 내 주먹을 믿으라.'

소란을 피웠고 집회를 방해한다고 선배 청년들이 때리면 따라

가서 예수님처럼 원수를 사랑하라고 크게 외쳐대며 집회를 방해했습니다. 그러던 어느 날 노×× 친구는 전도사 신발을 가지고 왔습니다. 달빛에 보이는 신발은 여전도사 얼굴처럼 예뻤습니다. 한 짝을 주면서 오줌을 싸자는 것이었습니다. 나는 도저히 오줌이 나오질 않았는데, 그 친구는 철철철 여전도사 신발에 오줌을 가득 쌌습니다. 7년 후에 서울 명동 거리에서 이유 없이 그 친구는 음독자살을 했습니다.

1973년 21사단 183포병대대 병기장교(ROTC 10기)로 최전방에서 나라를 지키고 있을 때 부대 정문 앞에 21사단에서 큰 교회를 짓고 입당식을 준비할 때 군목께서 이번 입당식 때 세례를 받으면 좋겠다고 말했습니다. 나는 교회 한 번 안 가고 술 담배 잘하는 내가 어떻게 세례를 받느냐고 물었습니다. 세례 받는 장교가 사병보다 너무 적어서 이 기회에 하나님을 영접하면 좋지 않으냐고 말했습니다. 펜팔 하던 아가씨가 성경책을 보내주어 읽기 시작하던 때여서 그래 이 기회에 하나님을 영접하면 좋겠다. 생각하고 한경직 목사님으로부터 세례를 받았습니다. 그런데 한 달 후에 받은 세례 증에 내 이름이 박태홍으로 되어 있었습니다. 신실한 믿음 없이 세례를 받으니 이런 엉터리 세례증이 나오는구나 하면서 찢어버렸습니다. 그때 이름만 정확했다면 열심히 하나님을 믿었을 것이고 나의 인생길도 바뀌었을 것입니다.

성경책을 보내준 인연으로 결혼을 한 하숙희 자매는 이요한 목사님이 목포교회에 계실 때부터 교회를 다녔다고 합니다. 자매의 권유로 동부교회 1년 동명교회 3년 동안 구원 받지 못하고 교회

만 왔다 갔다 하던 차에 광주 소태동에서 전도 집회가 있다고 하여 들은 적이 있었습니다. 신기하게 징그러운 애벌레가 예쁜 호랑나비 되어 자유롭게 꽃을 찾아 훨훨 날아다니는 광경이었습니다. 그곳이 천국같이 느껴졌습니다. 우리 인간도 지구에서 천국이나 지옥가기 위해 애벌레처럼 대기하고 있는 상태구나 생각했습니다.

2002년 6월경에 현대병원에서 맹장수술로 입원해 있는데 광주여상 박원희 교장 선생님과 안규명 교수님께서 날마다 찾아오셔서 테이프를 주시고 기도를 해주시어 종교적 신념보다 도덕적인 이념 즉 인간적인 면에서 너무 고마웠습니다. 그때 마침 공주 갈릴리 수양관에서 하계수양회가 있는데 피서 겸 같이 가면 좋겠다는 말씀을 하셨는데 거절 할 수가 없어 동행 했고 2002년 7월 25일에 '사람의 행위가 여호와를 기쁘시게 하면 그 사람의 원수라도 그로 더불어 화목하게 하시느니라.' 〈잠언 16장 7절〉말씀으로 구원 받았습니다. 너무나 기뻐서 눈물이 났습니다. 온 세상이 내 것 같았습니다. 그 후 좋은 일만 생겼습니다. 국문학도의 소망이던 시인의 길을 걷게 해달라고 간절한 기도를 했습니다. 〈문학예술〉에 시 부문 신인문학상을 수상하고 2년 후에 〈모던포엠〉에 시조부문 신인문학상을 수상하고 3년 후에 〈수필시대〉에 수필부문 신인문학상을 수상하였습니다. 〈문학예술〉 광주전남지회장과 〈모던포엠〉 호남지회장 〈수필시대〉 공동발행인으로 지금까지 활동하고 있습니다. 그러나 큰 문제가 하나 있었습니다. 대학시절, 군대시절 너무 좋아하던 술을 끊지 못한 것이었습니다. 그래서 '참회의 기도'라는 시를 써서 금주를 맹세했습니다.

참회의 기도

꿈길에 만난 몽롱한 세상
방황하다 붙잡은 골고다 십자가
다 이루었다' 하신 그리스도
피눈물을 깨닫게 하여 주옵소서!
오장육부에 노을로 고인 참 이슬
빨간 마귀의 눈, 구린내
공감각 이미지로 배반하는
주일 아침을 기도하게 하옵소서!
색안경 쓰고 향수 뿌려 예쁘게
포장하면 목사님 눈코 속일지라도
주님 눈코는 절대 못 속임을
마음 깊이 깨닫게 하여 주옵소서!

드디어 술을 3달 정도 끊었습니다. 술잔에 구더기가 우글거리기 시작합니다. 그러던 어느 날 우리 자매가 새벽 2시가 되어도 집에 오지를 않습니다. 퇴근해서 배는 고프고 목은 마르고 휴대폰도 안 되고 기다리다 지친 나는 이런 시를 썼습니다.

그리스도인의 변명

자유는 누구의 것도 아닌/ 누리는 자의 것일까
주정뱅이를 전도한 아내는/ 교제 시간도 빠지고
저녁내 삼봉 치는지 오지 않네.

용서도 사랑도 없는/ 아내는 남편 술 탓하고
남편은 아내 교제 탓하고/ 서로서로 탓하며
남편은 술 퍼마시고/ 아내는 삼봉치고 교제 빠지는 것은
십자가 피 흘린 의미를 모르는
구원받지 못한 그리스도인의 변명.

기다리다 지친 밤 방황하는 것은 너무 무서웠습니다. 고집이 옹고집인 나는 오기가 발동하여 저녁내 술을 퍼 마셨습니다. 다음날 아침 일찍 목욕하고 향수 뿌리고 안경을 쓰고 교회 왔는데, 거울속의 내 모습이 마귀의 얼굴이요 돼지 냄새가 진동함을 느끼고 옆 형제자매가 부끄러워 본 강당을 살금살금 도둑처럼 빠져나와 도망가는데 전호종 봉사회장(조선대학교총장)님과 박래희 집사님이 불쑥 내 앞에 나타나 마주쳤습니다. 악수하신 두 분은 술 냄새를 맡으시고 미친놈 또 술 퍼마셨구나! 하며 나의 뒷모습을 처다 보며 손가락질 할 것을 생각하니 쥐구멍에라도 들어가고 싶은 심정이었습니다. 결국 이렇게 신앙생활 해서는 안 되겠구나 하고 금주의 시를 마지막으로 썼습니다.

주님과의 마지막 약속

삶의 대본도 주제도 없이
흑암 속 방황하던 나는
주님 거룩한 말씀으로 거듭나
하늘 한복판에 십자가로 금주를 쓴다.
20090613억 원
눈먼 황금보다

모든 것 잃는다는 건강보다
더 소중한 영원한 생명을 사모하기 때문입니다.

2009년 06월 13일 술 끊고 지금은 믿음 안에서 대한예수교 침례회 광주교회 계림교구 144구역 부구역장으로 열심히 신앙생활하고 있습니다. 37년 몸담은 광주동성고등학교에서 내년에 퇴임하면 제자들을 전도하기 위해 계획도 세워 놓았습니다. 전도의 문이 열려 잃어버린 영혼들에게 많은 구원의 역사가 일어날 수 있도록 성도님의 많은 기도 부탁드립니다. 감사합니다.

〈수필시대〉 2010년 11/12 통권 제35호

2부

첫눈 오는 밤

백목련꽃

코로나 물러가라 꽃등을 켰습니다
정 넘친 마을마다 꽃등을 켰습니다
유방암 그대 가슴에 꽃등을 켰습니다

캄캄한 세상에 꽃등 달아 반짝반짝
순결한 백목련 가지마다 주렁주렁
첫사랑 꽃잎 편지로 그리움 전합니다.

하늘로 오르는 길

믿음 안에서 기다리고 기다리던 하계수양회가 공주 정안에 있는 갈릴리수양관에서 3박 4일 동안 열린다. 태양빛이 작열하는 2014년 7월 26일 10시 드디어 계림선교회당에 40여명이 구역장님의 기도로 시작해서 수양관을 향해 관광버스로 출발했다. 학창시절 들뜬 마음에 밤잠을 못 이루었던 수학여행 전날 밤 같은 기분이다.

온 세상이 푸른 7월의 아름다운 자연경관을 감상하며 생활간증도 듣고 찬송가도 부르며 정안 톨게이트를 빠져 나오니 노란 옷을 입은 교회 형제들이 군데군데에서 반갑게 손을 흔들며 길을 안내하고 있었다. 거룩한 성지 갈릴리수양관 오르는 길은 꼬불꼬불 하늘로 오르는 길처럼 아름다웠다. 길 주변에는 이름 모를 형형색색의 꽃들이 마중 나와 환하게 웃고 있었다. 수양회는 1차부터 5차까지 있는데, 광주교회와 익산교회가 1차로 수양회에 참석했다.

달맞이꽃 흐드러지게 핀 수양관의 첫째 날 밤 7시 30분부터 서울 중앙교회 이요한 담임 목사님의 '하나님이 세상을 이처럼 사랑하사 독생자를 주셨으니, 이는 저를 믿는 자마다 영생을 얻게 함이다.' 라는 하나님 말씀이 전해졌다. 나의 잠자리는 전라북도 부안에서 온 청년 형제 2명 사이에 겨우 잡았다. 부안에서 교장으로 있는 나의 친구 양00교장과 노00교장을 찾아가서 내소사, 변산해수욕장, 새만금, 여행했던 이야기를 했더니 한 청년이 노00교장선생님이 부안중학교 때 은사님이라 했고 다른 청년은 양00교장선생님이 부안고등학교 때 은사님인데 간암으로 3년 전에 소천 했다는 것도 알고 있었다. 공교롭게 2청년의 교장선생님이었다. 나의 절친한 좋은 친구들이라고 했더니 더욱 반가워했다. 세상은 참 좁구나! 언제 어디서 어떤 모습으로 아는 사람을 만날지 모르겠구나. 정말 우연한 만남이었다. 그래서 사람은 항상 언행을 조심해야겠구나 생각하며 잠이 들었다.

새벽 4시경에 일어나 화장실에 갔다 왔는데 내 잠자리에 누가 앉아 있었다. 주위를 몇 번 둘러보아도 분명 내 잠자리였다. 200여명이 함께 잠을 자는 형제들의 숙소다. 조심조심 들어갔는데 어둠 속에서 그 형제가 나에게 '누구여 당신 형제요.' 묻는다. '네 형제입니다.' 도둑처럼 무안해서 쫓겨나오듯이 밖으로 나왔다. 내 잠자리를 못 찾을 나이가 아닌데 무슨 개망신이냐 생각하며 다시 잠자리를 더듬더듬 확인해보았다. 분명 내 잠자리였다. 머리맡에 있는 가방을 확인해 보았더니 내 가방이었다. 갑자기 부화가 나서 '여기가 내 잠자리인데 누구세요.' 그때야 그 형제는 일어나서 한참 주위를 살피고 있었다.

'형제님 날이 밝아오면 잠자리를 찾고 여기 잠깐 앉아 계십시오.' 말했더니 "형제는 어느 교회에서 왔느냐." 고 물었다. 광주교회에서 왔다고 말했더니 모두가 잠자고 있는데 큰소리로 "담임 목사님이 문관용 목사님이고 성도는 5천명이죠." 나는 깜짝 놀라서 그냥 주무시라고 말했다. 모든 성도들이 잠에서 깨어나 말없이 듣고 있었던 것 같다. 다음날부터는 그 형제는 보이지 않았다.

4년 전 일이 생각났다. 그때도 새벽잠에 빠져 있는데 큰소리치는 형제가 있었다. 어느 교회 형제가 무례하게 저렇게 떠들고 있을까? 목포교회 형제라는 것을 이야기 속에 알게 되었다. 그는 큰 회사 간부로 근무하다 교통사고로 뇌수술을 받았고 다리를 절은 장애자가 되었다고 한다. 분위기나 타인을 의식하지 않고 생각나는 대로 말하고 행동하는 형제였다. 생년월일만 대면 무슨 띠라는 것을 다 알고 말했던 형제. 아! 그 형제일까? 내 잠자리에 그대로 앉아 있도록 할 것을… 측은한 생각 때문에 마음이 아파서 잠을 이룰 수가 없었다.

7월 27일 아침 5시에 일어나 6대의 관광버스로 공주에 있는 금강온천장에 갔다. 금강온천장 물은 매우 좋았다. 형제들이 1시간 정도 온천욕을 즐기고 밀물처럼 왔다가 썰물처럼 빠져 나갔다. 온천욕이 끝날 무렵 사우나 실에 들어갔는데 '어서 오십시오.' 처음 만난 나에게 다정하게 인사하는 점잖고 교양이 있어 보이는 60대 중반 신사가 혼자 있었다. "어디서 오셨어요." 광주에서 왔다고 말했더니, 이번 지방자치단체장 선거에서 훌륭한 강운태 광주시장이 낙선 했다고 아쉬워하며 서울대학교 같은 학과 친구로서 분기별로 만난다고 말했다. 자기는 공주대학교 교수로 퇴임했다고 말했다. 강00 시장님 참 훌륭한 분이었는데… 이번에 시장으로 당선된 윤장현은 저의 친구라고 말했더니 깜짝 놀란 기색이었다. 이른 아침 공주 금강온천장 사우나 실에서 광주시장 당선자의 친구와 낙선자의 친구가 만났다는 것을 생각하니 인연도 희한한 인연이라 생각했다.

부여군 은산면에서 밤농사를 짓고 있는 김진호 친구를 이번 수양회 때 전도하기 위해서 공주터미널을 찾아가야하는데 초행길이라 어디로 가야하는지 알 수가 없었다. 마치 온천장에서 나온 중년 아저씨에게 물었더니 자기도 터미널 근처에 사는데 운동삼아 걸어간다고 해서 동행 했다. 백제의 문화를 꽃피운 무령왕릉을 지나 천주교 신자들이 순교한 황새바위순교지 공주공산성을 잠깐 구경했다. 목포 광주 대전을 돌아다니며 행상을 한다는 방00 아저씨는 너무 친절 했다. 터미널이 아닌 다른 방향으로 가는 나를 발견하고 100미터를 달려와서 안내해 주신 방00 아저씨. 역시 충청도 사람들은 정이 많고 친절했다. 그래서 옛날부터 충청도 양반이라고 말했을까.

친구는 내년 하계수양회 때 말씀 듣기로 했다. 대한 예수교 침례회 말씀을 요약하면 첫째 하나님이 천지를 창조하셨다는 말씀이 끝나면 둘째 천지 창조는 사실이라는 것을 하나하나 과학적으로 증명해주고 셋째 성경에서 말하는 이스라엘의 역사와 현재 이스라엘 역사가 일치한다는 것을 시청각 자료로 보여주고 넷째 하나님이 보시는 인간의 죄 다섯째 죄 문제를 해결해야 천국에 갈 수 있다고 강조 한다.

하계수양회나 동계수양회 때마다 열심히 봉사하는 형제자매를 볼 수 있다. 특히 솔선수범해서 봉사하시는 팔순을 넘기신 광주교회 고재원 어르신을 통해서 봉사와 사랑을 느낄 수 있다. 20

세기의 위대한 간디는 국가가 위급 상황에 떨어지는 조건을 다음과 같이 말했다. 원칙 없는 정치, 도덕성 없는 상업, 노동 없는 부이며, 인간성 없는 과학, 양심 없는 쾌락이며, 인격 없는 교육, 희생 없는 신앙이라고 말했다. 이럴 때 국가는 희망이 없으며 멸망의 길로 나간다고 말했다. 특히 희생 없는 신앙은 의미가 없다. 志士仁人 殺身成仁이란 말은 지사나 인자는 의롭게 자기 생명을 바쳐서 인을 이룬다는 희생정신을 말한다.

중국의 선교사 오봉은 대만으로 건너가 사람의 목을 베어 제사지내는 아리산 토인들의 악습을 교화시켜 몇 년 동안 없어졌다가 악습이 다시 살아날 때 추장에게 오늘 밤 제물은 마을 당산나무 밑에 빨간 옷을 입은 자의 목숨 베어 제사지내라 말하고 오봉이 거기에 서있었다. 목을 베어 제사지내려고 보니 존경하는 오봉선생님이었다. 통곡하며 그 이후 악습은 없어졌다.

요셉은 형들의 계략으로 애굽의 보디발 장군 노예로 팔려갔지만 노예로서 최선을 다했고, 보디발 장군의 아름다운 부인 유혹을 인내와 용기로 물리쳤으나 오히려 누명을 쓰고 옥살이를 하였다. 거기서도 최선을 다하였기 때문에 결국 애굽의 총리대신으로 성공한 것이다. 우리의 삶이 화려한 꽃길이 아니고 가시밭길일지라도 노여워하거나 절망하지 말고 주어진 환경 속에서 주님 말씀에 순종하며 능력껏 최선을 다해야 한다는 것을 깨달았다.

2014년도 갈릴리하계수양회를 통해 제물이 많고 적음이나 학력이 높고 낮음이 그렇게 중요하지 않고 나는 무엇이 되느냐 보다 '어떻게 살아가느냐'가 중요하다는 것을 배웠다. 학력도 없고 가난한 청소부가 양로원의 불쌍한 노인 한 분을 아무도 모르게 아버님으로 모신 눈물겨운 사연은 고관대작이나 재벌들이 불우이웃을 외면하는 현실 사회에서 더욱 귀감으로 삼아야한다.

주님을 모르고 방황하던 영혼들이 말씀 듣고 구원 받아 영원한 생명을 얻는 거룩한 이 성지에서 사랑하는 마음, 감사하는 마음으로 항상 하나님께 영광 돌리는 그리스도인이 되도록 나는 기도한다.

〈수필시대〉 2015년 1/2 통권 제60호

첫눈 오는 밤

마지막 낙엽들이 회색빛 아스팔트길에 할머니의 눈물처럼 떨어져서 스산한 바람에 이리저리 구르고 있는 날이었다. 첫눈이 내릴 것 같은 을씨년스런 초겨울이었다. 사글세방을 계약하고 돈을 타오려고 고향에 가기 위해 J대학병원 앞, 정류소에서 송정리역 가는 5번 시내버스를 탔다.

눈에 확 띄는 미모의 아가씨 옆자리에 앉게 되었다. 이렇게 아름다운 아가씨를 두고 군계일학이라고 하는 것 같다. 다음 정류소에서 내리면 인연이 끝이라는 것을 알기에 정류소 지날 때마다 '내리면 어쩌나…' 조마조마한 마음이었다. 어디까지 가느냐고 말을 걸고 싶었지만 입이 떨어지질 않았다. 양동시장을 지나고 돌고개를 지날 무렵, 아가씨가 먼저 몇 시냐고 말을 걸어왔고 나는 기회를 놓치지 않고 어디까지 가느냐고 물었더니 송정리역까지 간다고 아가씨는 답했다. 아직 시간적 여유가 있어 차분히 대화할 것 같아 흐뭇했지만 더 이상 얘깃거리를 찾지 못해 답답한 시간만 흘러갔다.

송정리역에 도착하자마자 황급히 내린 그녀는 역 주변 술집을 기웃거렸다. 얼굴이 예쁘더니 술집에서 일하는 여자로구나 생각하고 고향 가는 시외버스를 타기 위해 터미널을 향해 가는데 그녀가 달려와 공중전화가 어디에 있는지 안내해 줄 수 있느냐고 물었다. 술집을 찾는 것이 아니고 공중전화를 찾았던 것이다. 남의 부탁을 거절하지 못하는 나는 흔쾌히 승낙하고 한참을 걸어가서 수동식 전화기 앞에 섰다. 그녀는 수화기를 들고 나는 수신기를 돌렸다. 교환이 나와 전화를 연결했으나 마침, 그녀의 친구는 집에 없었다.

그녀는 고맙다며 혹, 시간 있으면 차 한 잔 하자고 해서 송정리역 앞 2층 신신다방에 들어갔다. 커피를 시켜 놓고 그녀는 J대 국문학과 1학년 '정영숙' 이라고 했다. 같은 국문학을 전공 한다는 것이 너무 반가워서 나는 C대 국문학과 3학년 '박판석' 이라고 말해 버렸다. 나는 내 이름을 말한 것이 아니라 친구의 이름을 둘러 댄 것이다. 왜 그랬는지 지금도 그때 마음을 알 수 없다. 처음으로 만난 그녀였지만 편안한 마음으로 문학과 인생을 이야기하고 문학속의 사랑 이야기와 감명 깊었던 소설과 시를 재미있게 이야기하다보니 시간 가는 줄을 몰랐다.

밤 7시에 있는 막차를 타기 위해 부랴부랴 다방을 나왔는데 그때, 송정리역 거리는 싸라기눈으로 10미터 이상을 볼 수 없었다. 소설 『닥터 지바고』의 눈 내리는 설경을 연상하며 그녀와 나는 영화의 주인공처럼 걸었다. 그녀는 조용히 귀속 말로 내일 12시에 이 모습 그대로 광주 충장로 2가 르네상스 음악다방에서 만나자는 말을 남기고 광주로 떠났고 나도 고향 가는 막차에 몸을 실었다.

버스에서 내려 50분을 걸어 큰 산을 넘어 가야 고향집이다. 그때는 전깃불이 없어서 시골의 겨울밤은 인적도 빨리 끊어지고 그야말로 암흑세계로 변해 너무 조용하고 무서웠다. 신작로에서 산길로 접어드는데 하얀 싸라기눈빛과 어우러진 검푸른 앞산은 나를 삼킬 듯이 큰 입을 벌리고 있는 악마 같아서 도저히 넘어 갈 수가 없었다. 삼거리 친구 집에서 자고 갈려고 돌아서는데 귀신이 머리채를 잡아끄는 것 같아 더 무서웠다. 사나이 가는 길, 돌아 설수 없다. 죽으면 죽으리라 결심하고 큰 돌 하나씩을 양손에 들고 5부 능선의 공동묘지 사이를 지나가는데 머리끝이 쭈굿쭈굿 온몸이 오삭오삭 거렸다. 호랑이가 불을 켜고 기다린다는 8부 능선 범바위를 지나갈 무렵, 발밑 작은 소나무 여기저기에서 후드득 후드득 날고 기어가는 짐승들의 소리에 정신을 잃고 식은땀을 온몸으로 흘리며 나도 모르게 허공을 향해 "누구냐? 누구냐?"를 외쳤다.

호랑이에 열 번 물려가도 정신만 차리면 살 수 있다는 속담이 떠올랐다. 나중에 생각해 보니 잠자던 열 서너 마리의 꿩 새끼들이 놀라서 이리저리 기어서 날아서 도망갔던 것이다. 큰 시련을 겪고 나면 작은 시련은 생각나지 않는 듯 혼비백산 집에 도착하니 예고도 없이 땀범벅이 되어 들어오는 아들을 보시고 부모님은 깜짝 놀라셨다. 늦은 저녁밥을 먹고 혼자서 생각해 보니 내 생애 처음으로 만났던 그 여자가 혹시 설화 속의 불여우는 아니였을까, 머리 긴 귀신한데 홀린 것은 아닐까! 오만가지 생각이 다 들었다.

다음날 12시에 만나자고 했던 르네상스 음악다방을 물어물어 찾아 들어갔다. 한참을 기다려도 오지 않아 나오려고 하는데, 두 아가씨가 들어오고 있었다. 동국대 국문학과에 다니는 친구라고 '정영숙'이가 그를 소개 했다. 책을 많이 읽고 교양 있고 시를 쓰는 친구라서 그런지 서로 문학에 대해 깊은 대화가 이루어졌다. 문학작품에 대한 비평이나 문학의 목적에 대해서도 공감하는 부분이 많았다. 그 친구는 '정영숙'의 인간성과 장점을 정식으로 소개 했다. 친구 '정영숙'이는 전남대 국문학과 다닌 것이 아니고 전남대 간호학과에 다니고 있으며 문학과 음악을 좋아하고 피아노를 잘 치며 사직공원을 좋아 한다고 했다. 사직공원에 올라가서 잘 사귀어 보라는 등 분위기를 조성하고는 그 친구는 훌쩍 나가 버렸다.

두 남녀가 마주보고 차를 마시며 이야기 하는 분위기에 익숙하지 못한 나는 오히려 더 서먹서먹했다. 너무 떨리고 부끄럽고, 이성을 만난다는 것도 그 때는 재미없었다. 지루함을 느꼈지만 그녀가 좋아한다는 사직공원 전망대에 올라갔다. 광주시내와 무등산을 바라보며 미래의 내 모습을 생각하고 무지개 꿈도 꾸었다. 땅거미가 질 무렵, '미라보다리'라 일컬어지는 양림 다리를 건너 파고다 빵집에 들어갔다. 빵 값이 넉넉하지 못한 자취생이라 간단하게 크림빵 국화빵 몇 개와 우유를 마시고 나왔다.

J대학병원 5거리에서 안녕이란 말을 남기고 그녀는 J간호대학 방향으로 가고 나는 학동 방향으로 갔다. 한 참을 가다보니 언제 어디서 만나자는 약속이 없었다. 뒤돌아보니 그녀도 뒤돌아 보고 있었다. 나는 손을 흔들고 빠른 발걸음으로 집에 돌아오고 말았다. 그날 밤 얼마나 나 자신을 원망 했는지 모른다.

어느 날 '박판석' 친구가 나에게 이런 이야기를 했다. 크리스마스이브 날 6시에 송정리역 앞 신신다방에서 만나자는 엽서가 대학 편지함에 왔는데 전혀 이름을 모르는 '정영숙'이라는 여자

이기에 그 엽서를 찢어버렸다고 했다. 두 번 만났던 그 여자였다. 내 이름 '박래홍'을 떳떳하게 말하지 못하고 친구 이름 '박판석'이라고 말했던 나는 그 때 왜 그렇게 못난 바보였을까. 또 한 번 원망의 눈물을 흘렸다.

지금도 하늘에서 주신 인연의 소중함을 망각하고 감사할 줄 모르며 우유부단하게 살아가는 나는 1969년 초겨울, 내 생애 처음으로 만났던 그녀와의 첫눈 오는 밤을 영원히 잊을 수가 없어 가슴이 아려오곤 한다.

<문예운동> 2014년 여름 제122호

우리 함께 걷는 길

밝고 착하고 아름다운 광주여상 학생여러분! 우리나라는 지금 예의범절이 땅에 떨어졌습니다. 새로운 21세기에는 가장 예절바른 학생이 되도록 노력하시길 바랍니다.

페스탈로치의 묘비에는 다음과 같은 묘비명이 새겨져 있습니다. "모든 것이 남을 위해서였으며 스스로를 위해서는 아무것도 하지 않았다" 스위스에서 태어난 페스탈로치는 전 생애를 통해서 올바른 교육만이 사회계층 간에 존재하는 불평등을 극복할 수 있다고 생각하였으며 따라서 민중에게 바른 지성의 힘을 가르칠 수 있다면 민중들 스스로의 힘으로 그들의 사회적 지위를 높일 것이라는 교육철학을 주장하였습니다. 그리하여 그는 소위 '인간학교'의 이상을 꿈꾸었으며 '인간학교'의 기초는 가정과 학교에서의 인격도야에서 출발한다고 강조하였습니다. 학생들에 대한 '사랑'만이 그 모든 교육방법을 초월하는 참교육이라고 말하였으며 마침내 그는 묘비명에 쓰여 져 있는 것처럼 모든 생을 헌신하고 봉사하였습니다.

학생여러분! 우리학교에 계시는 선생님들은 평생 인간의 교사 로서의 뜻을 굽히지 않으시고 미래의 교육을 밝히고 이끌어 가실 참으로 훌륭하신 21세기의 페스탈로치입니다.

21세기는 세계화 정보화 전문화 시대라 하여 대단히 커다란

변화가 예상되며 어떤 상황에서나 대처할 수 있는 다양한 능력을 요구하는 시대가 될 것입니다. 지금 온 세계는 시간과 공간을 초월하고 국경과 이념을 넘어서 하나의 지구촌으로 묶여온 인류가 무한한 경쟁 속에서도 한 가족처럼 공존하며 살아가야 할 시대입니다. 지난 세기의 사고와 나침반으로는 미래로의 밝은 항로를 기약하기 어렵습니다.

나는 장차 어떠한 사람이 되고 무엇을 하며 어떻게 살아갈 것인가를 생각하며 일과를 작성하고 평생의 계획을 세웁시다. 그리고 원대한 꿈을 가집시다. 아무리 큰 꿈을 갖고 무지개빛 인생 목표를 세웠다 하더라도 이를 실천하려는 강렬한 의지와 목표를 달성하려는 끊임없는 노력 없이는 목적지에 도달할 수 없습니다.

현대사회는 첨단과학의 발달에 의해 산업화, 정보화 되고 시장경제원리에 치우치다보니 이기주의가 팽배해지고 인간성이 상실된 삭막한 사회로 전락했습니다. 독일의 시성 괴테는 "인간의 행복 근원은 인격을 갖추는 일, 인격은 바로 생명과 같이 존귀한 것"이라고 말했습니다. 세계가 선진화 될수록 독서를 많이 하며 인격을 갖추는데 노력합시다.' 어제는 오늘의 어머니요, 오늘은 내일의 아버지' 라는 명언이 있습니다. 과거의 잘못을 거울삼아 사랑이 넘치고 인간성이 회복될 수 있도록 우리 모두 앞장 서야할 때입니다. 삶의 질을 높이고 날로 새로워질 앞날을 경건한 마음으로 설계해야 되겠습니다.

우리는 오직 한 번 밖에 살 수 없는 인생, 한 번 밖에 오지 않는 현재라고 하는 이 시간을 어떻게 활용하느냐에 따라 여러분의 인생은 행복과 불행으로 좌우될 것입니다. 새 시대가 요구하는 새로운 인생관과 가치관을 시급히 창출하고 새 질서를 엮어가야 할 때입니다. 삶의 질을 높이고 날로 새로워질 앞날을 경건한 마음으로 설계해야 되겠습니다.

한 가지 분명한 것은 우리가 어떻게 삶을 영위하느냐에 따라 미래는 희망과 약속의 천년일 수도 있고 재앙과 좌절의 세기일 수도 있다는 점을 명심하십시오. 특히 반세기가 넘도록 지구상에 유일하게 분단된 민족으로 불행 속에 살고 있는 우리로서는 우선 민족의 비극과 상처를 하루 빨리 극복하고 한반도에 화합과 번영의 평화로운 터전을 가꾸는데 힘과 마음을 모아야 할 때입니다.

국민정부가 계속 추진하고 있는 햇볕정책과 포용정책의 결과 역사의 과정을 바꿀 수 있는 큰 사건 남북정상회담이 6월에 이루어졌고, 김대중 대통령은 드디어 노벨평화상을 수상하셨습니다. 무더운 여름날 천길 높이의 폭포수처럼 막혔던 숨통이 확 트이는 시원함을 온 국민은 느꼈을 것입니다. 새로운 천년의 시작과 함께 우리는 동포애를 가지고 계속 통일의 밝은 미래를 개척하기 위해 마지막으로 몇 가지 부탁드립니다.

첫째 심성이 맑고 밝은 사람이 됩시다. 부모님께 효도하고 웃어른을 공경하며 믿음으로 친구를 사귀고 남을 위해 봉사하는 넓은 마음 열린 마음으로 생활하는 사람이 됩시다.

둘째 창의적인 사람이 됩시다. 21세기의 사회 문화에 대처하기 위하여 기초 학력을 충실히 다지고 새로운 지식 기술을 스스로 터득하여 항상 즐겁고 신바람이 나는 생활을 합시다.

셋째 몸이 튼튼한 사람이 됩시다. 건전한 정신은 건강한 육체에서 비롯된다고 했습니다. 아무리 아는 것이 많고 재주가 빼어나도 건강하지 못하면 인류문화 발전에 기여할 기회도 없을뿐더러 개인은 실의와 좌절된 생활의 연속일 것입니다. 감사합니다.

손가락바위

꽃다운 영혼들이 피어보지도 못하고 잠들어 있는 진도 팽목항 바다! 명랑대첩에서 산화한 영령들이 울고 대한민국이 통곡했던 진도 앞바다 그곳에 가서 우리 일행은 한없이 울고 싶었다. 마침 살레시오고등학교 국어교사로 근무했던 박판석 친구가 조도에 제자가 있는데 한 번 구경삼아 오라는 전화가 자주 온다고 했다. 나의 아내와 친구의 아내 4명이 여행을 떠나기로 했다.

2015년 2월 3일 아침 일찍 광주터미널에서 버스를 타고 2시간 20분이 지나서 진도 터미널에 내렸다. 팽목항 가는 군내 버스는 좀 더 기다리지 않고 떠나버려서 조도 가는 배를 타기 위해 택시를 타고 팽목항에 도착했다. 노란리본이 여기저기 어지럽게 펄럭이고 있었다. 자녀를 잃어버린 가족들이 머물었던 곳은 다 철수를 하고 슬픔의 흔적만이 영원한 상처로 남아 있었다.

조도에 가는 배를 탔다. 조도에 가면 우리가 좋아하는 회는 실컷 먹겠구나! 하는 기대감에 들떠 있었다. 40여분 지나서 눈앞에 펼쳐지는 아름다운 산과 섬마을들 저기 손가락바위가 우리들을 향해 세월호를 향해 손가락질을 하고 있는 것 같아 고개를 들 수가 없었다. 곧바로 농협 배는 조도면 소재지 하조도에 도착했다. 생각보다 작고 아담한 선착장이었다. 친구의 제자 박국태는 산해장이라는 숙박업을 하고 있는 조도면의 유지에 속했다. 주막집은 횟감이 없는 허름한 선창이란 한 집뿐이었다.

하조도에 내리자마자 제자는 승용차에 우리를 태우고 꽃상여가 나가는 마을로 안내했다. 오랜만에 보는 꽃상여 망자는 조도면장을 하셨던 분이라 조문객이 많았다. 그곳에 활어를 팔려고 온 용달차가 있었다. 살아서 팔딱팔딱 뛰는 농어, 우럭, 숭어였다. 너무 가격이 싸고 싱싱해서 집에서 반찬 할 것과 회를 떠서 먹을 것을 샀다. 여기서 활어를 사지 않았으면 영영 바다 한가운데 섬에서 회는 맛도 못 볼 번했다.

조도에서 가장 아름다운 해수욕장, 마을, 포구를 구경하고 연육교를 건너 하조도보다는 작은 상조도 전망대에 올랐다. 마을마다 여기 저기 파란 천으로 덮어서 재배하는 것은 쑥이었다. 세월호를 삼켰던 넓은 진도의 바다 가운데 무수히 떠있는 작은 섬들 맹골군도 거차군도가 한 눈에 다 보였다. 장미꽃봉오리보다 예쁘고 천사나팔꽃보다 순수한 아이들이 침몰하는 배 안에서 발동동 굴리며 '아버지 어머니 바닷물이 들어와요 빨리 우리들을 살려주세요.' 울부짖는 목소리가 들려왔다. 새떼가 바다 가운데 옹기종기 모여 있는 것 같다고 해서 조도鳥島라고 말한다. 조도 어디에서나 보이는 손가락바위를 향해 새떼 같은 작은 섬들이 웅비하고 있는 것 같았다.

제자가 키우는 큰 오골계 한 마리를 잡아왔는데 다섯 사람 중에 오골계를 잡아본 사람이 없어서 서로 의론해 가면서 겨우 오골계를 잡았다. 횟감은 목포가 친정인 나의 아내가 떴다. 그날

밤은 오골계, 회, 매운탕으로 푸짐했다. 산해장 옥상에서 먼 바다를 보며 그 동안 힘든 삶을 파도소리에 묻고 술잔을 부딪치는 즐거운 밤이었다.

2월 4일 친구와 나는 아침 바닷가를 뛰었다 육지에서 맛볼 수 없는 상쾌함을 만끽하고 산해장으로 돌아오는데 선창 주막집에서 제자가 불렀다. 젊은 후배와 해장술을 하고 있었다. 소라를 연탄불에 구워서 술안주를 했다. 주막집 아줌마는 상냥하고 볼수록 매력 있으며 인정 많은 50대 여인이었다. 우리 일행은 아침식사를 하고 제자 후배 김준석이가 살고 있는 대마도에 가기로 했다. 말을 방목했다가 제주도로 끌고 갔다 해서 붙여진 이름이다.

대마도에 도착하자 김준석이 승용차로 명승지를 안내했다. 김준석이는 세월호 침몰 당시 제일 먼저 구조 활동을 하여 수십 명의 생명을 구조한 청년이었다. 인간극장에 출연했던 김미영 학생과 지극정성으로 미영이를 지도하시는 조도초등학교 대마분교장 김종훈 선생님을 만나 뵈니 너무도 다정다감 하셨다. 미영이가 뛰어 놀던 교정은 넓고 역사가 깊은 학교였다. 때 묻지 않은 조용한 섬마을 사람들 오염되지 않은 바닷가 해수욕장 자연경관이 너무나 아름다웠다.

김준석 젊은이는 바다를 마당으로 삼고 살아가는 건실한 청년이다. 내년이면 초등학교에 입학하는 아들 김혜용과 6살인 딸 김혜인 진주가 고향이라는 미모의 아내 네 식구가 단란하게 살아가고 있다. 선생님이 제자를 모셔가는 섬마을이다. 구멍가게도 주막집도 없는 낭만 없는 섬 같지만 방목해서 키운 흑염소를 잡아서 대접하는 정이 넘치는 섬마을이었다. 약초로 담근 술과 잘 어울리는 너무 맛있는 안주였다.

2월 5일 10시경 배를 타고 관매도로 향했다. 박국태 친구가 용달차로 마중 나왔다. 용달차를 타고 관매도 아름다운 숲길과 해수욕장 하늘 향해 서있는 남근바위 관매도의 절경을 구경하였다. 관매도에서 다시 배를 타고 조도에서 제자 박국태를 내려주었다. 국태가 바리바리 쌓아서 보내준 안주와 술을 넓고 아름다운 바다를 바라보며 선상에서 마시는 술맛은 마셔본 사람만이 알 수 있다. 우리 일행은 손가락바위를 멀리하고 팽목항에 도착했다. 참 고마운 제자들 2박 3일은 의미 있고 즐거운 여행이었지만 팽목항에 와서 조도를 바라보니 참았던 눈물이 나도 모르게 흘러 내렸다.

〈문예운동〉 2015년 여름 통권 제126호

밤골로 간 친구

영원히 잊을 수 없는 친구여! 부여 은산면 밤골로 간 金鎭浩 친구한테 2015년 8월 26일 오후 2시에 고향 집에서 만나자고 전화가 왔다. 초 중 고를 같이 다녔던 영원한 친구이다. 추석이 가까워지니 조상 묘 벌초를 하고 나서 나의 조부조모 아버지 어머니 벌초를 애초기로 정성껏 해주고 광주의 친구들을 불러 술대접을 하고 친구가 직접 채취한 밤꿀을 한 병 주었다. 너무나 고마운 친구다.

교즉인(敎卽人) 교육은 곧 사람이다. 신조어를 만들어 낼 정도로 교육에 대한 철학과 열정을 가지고 42년간 교직에 몸담았던 친구이다. 초등학교 교사를 시작으로 수원팔달초등학교장, 경기도 가평군 교육지원청 교수학습지원과장, 경기도 예절교육연수원장을 끝으로 교직을 마감했다.

초등학교 때부터 책 읽기를 좋아했고 많은 책을 읽은 친구는 남을 배려하는 마음이 남과 다르다. 인간답고 참된 삶을 살기 위해서 책 읽기의 중요성을 깨달은 그는 10년 동안 수원과 가평군 초등학생에게 많은 책을 읽히기 위한 방법으로 나만의 독서프로젝트 수준별 독서통장과 단계별 인증장인 오거서장을 가지고 독서 습관화에 노력하였다. 이를 인정받아 26회 독서문화상을 수상했고, 교육부문 13회 수상, 학교표창 21회 수상, 경기일보 경기교육 교육칼럼을 37편 기고한 능력 있는 훌륭한 선생님이었다.

늘 스타일리쉬한 모습에선 패션 감각이 남달랐던 모습, 학교

운영에선 합리성을 보여주셨던 모습, 학생들에겐 푸근한 아빠 같으셨던 모습, 저희 교사들에겐 행복한 학교생활이 될 수 있게 배려해 주셨던 모습, 궂은 일 마다 않으시고 손수 전정가위를 들고 정원수를 다듬던 멋졌던 모습이 그립습니다. 같이 근무 했던 선생님들의 이야기다.

친구의 춘부장님은 나의 선친과 친구이시다. 토요일 고향에 가는 길목 삼거리 주막집에서나 송정리 5일장 길거리에서 나를 만나면 꼭 술을 사주시는 정이 많으신 아버님이시다. 옛날 대학시절 친구 집에 가면 '진호야 너는 술을 못 마신다 해도 술을 좋아하는 친구가 오면 술대접을 해야 진정한 친구다.' 하시며 백년지객이나 오면 잡는다는 씨암탉을 춘부장님은 잡아 나를 대접하신다. 나는 감동의 눈물을 마음속으로 흘리며 첫 월급을 타면 꼭 아버님의 은혜에 보답해야겠다고 다짐했다. 막걸리를 몇 주전자 비워도 취기가 없는 나를 보시며 사나이 대장부는 한 말 술을 마셔도 끄떡없는 사람이 진짜 대장부다 하시며 나보다 나이가 적고 외소 했던 진호를 잘 보살펴주고 친하게 사귀라 부탁하신 말씀이 귀에 쟁쟁하다. 마당 평상에 앉아 모깃불 연기가 별이 총총한 하늘로 모락모락 피어오르고 밝은 달빛 아래 아버님과 술 마시는 조용한 시골 여름밤이 그립고 대접 한번 못했는데 일찍 돌아가신 아버님이 너무 그립다. 효성이 지극한 친구 아버님 지금 나는 진호의 보살핌을 받고 살아갑니다. 걱정하지 마십시오.

광주교육대학을 졸업하고 일찍 교직생활을 시작한 친구를 내가 영광해룡고등학교에서 근무할 때 처음으로 만났다. 백수중앙초등학교에 같이 근무하는 미모의 박귀옥 선생과 연인 관계였다. 나의 애인이 목포에서 오는 토요일이면 편을 짜서 화투를 치는데 우리는 한 번도 이길 수가 없었다.

친구는 경기도에서 교직생활을 오랫동안하면서 독서지도를 잘하여 표창도 무수히 받았다. 경기도 예절교육원장을 마지막으로 퇴임하였다. 퇴임식장에서 책 한 권을 받았다. 교직생활 시작부터 퇴임까지의 일들을 기록한 자서전이었다. 교직생활을 너무 나 보람되고 훌륭하게 했구나! 감동을 받았고 교육자들의 귀감이 되는 '의도인' 이라는 자서전이었다.

누구보다 잘 알고 있는 친구의 정년퇴임을 축하하며 '영원한 친구' 라는 시 한 편을 시화로 해서 선물했더니 너무 좋아했고 친구들을 만날 때마다 자랑했다.

영원한 친구여!

김진호 내 친구는 초등학교 때부터
분필로 장난치고 낙서하길 좋아해서
반평생 푸른 새싹을 교실에서 키웠을까

그대의 따뜻하고 자상한 언행은
아이들 마음속에 꿈 되어 스승으로
친구로 영원히 남아 있음을 믿어주오

질곡의 골짝에서 폭풍이 몰아쳐도
넉넉한 마음으로 이겨내고 항상 웃는
얼굴은 기쁨이요 외로울 때 위로였소

그대가 피땀으로 쌓아 올린 금자탑
인류의 슬픔을 몰아내고 어두움을
밝히는 찬란한 횃불 온 누리 활활활

–〈김진호 선생님 정년퇴임식〉 2012. 2. 25

슬픔이 사랑되어

푸른 파도가 넘실거리는 남도의 바다와 한하운 시인의 '보리피리' 시비가 있는 소록도가 너무 그리워서 1985년 3월 1일 나는 전라남도 고흥군 녹동 항에 왔다. 유관순 누나의 대한독립 만세 소리가 파도 속에 은은히 들려오는 것 같은 녹동 항에서 배를 10분 정도 타고 갔더니 사슴 모양의 아름다운 섬 소록도에 도착했다.

일제치하의 위정자들은 아름다운 섬 소록도에다 나병환자들을 수용하는 병원을 세웠다. 조경이 잘 된 중앙공원은 나무 한 그루 한 그루에 정성을 담은 흔적이 남아 있었다. 공원 숲속 한 복판에 한하운 '보리피리' 시비가 누워있었다. 보리피리 시를 암송하며 감옥생활보다 더 처절하고 부자유스러웠던 나병환자들의 애환과 아픔을 온몸으로 느끼며 무거운 발걸음으로 걸었다. 언덕 너머 바다와 육지의 조화가 시드니의 해변처럼 아름답게 어우러진 자연경관의 유혹에 우리는 빠져 버렸다.

광주여자상업고등학교에 부임하여 여학생을 처음으로 가르쳤던 나는 부끄러워 붉어진 얼굴을 국어책으로 가리며 한하운 시인의 '보리피리' 를 수업하는데 문학과 여행을 좋아한다는 제자가 졸업하고 회사에 근무하면 꼭 선생님을 모시고 소록도 여행을 하겠다고 약속을 했는데 드디어 그날이 다가왔던 것이다.

우리는 아름답고 호젓한 바닷가를 한없이 걸었다. 하얀 수건을 쓰고 들에서 밭에서 나물 캐고 일하는 여인들, 고향의 어머님 같은 정감으로 마주쳤던 그분들의 얼굴은 문드러지고 일그러진 슬픈 얼굴들이었다. 똑바로 바라볼 수 없는 처절한 천형의 얼굴이었다. 가슴이 무너지는 듯 아팠다. 적송이 우거진 숲속 오솔길 소나무에 바다 바람이 부딪치는 송뢰소리는 이국적 정취를 느끼게 했다. 고개를 넘으니 땀이 나고 목이 말랐다. 마을이 시작되는 산자락 어귀에 구멍가게가 있었다. 콜라를 마시려고 들어갔더니 주인도 얼굴이 문드러진 나병환자였다. 그분한테는 인간적 모멸감을 준 것 같아 미안 했지만 그냥 나오고 말았다.

아담하게 조성된 슬레이트 회색지붕의 작은 마을마다 양돈, 양계를 하고 있었다. 일반 사람들은 출입이 금지된 구역인데 우리는 모르고 들어갔던 것이다. 경운기를 타고 가는 사람도 자전거를 타고 가는 사람도 모두 얼굴이 일그러진 나병환자들이었다. 이방인의 세계에 빠진 듯 놀랍고 두려웠다. 그분들은 건강한 젊은 연인 같은 우리를 바라보고 무슨 생각을 했을까 아마 한하운 시인처럼 행복했던 고향의 봄이 그리웠으리라. 사랑하는 부모 형제와 이별하고 그리운 고향을 떠나 살아가는 그분들의 슬픔을 외면한 것 같아서 정말 미안하고 죄송스러운 마음에 바람처럼 허겁지겁 뛰어나왔다.

광주로 오는 길에 고흥군 과역면 Y고등학교에 근무하시는 형님의 저녁 식사대접을 잘 받고 막차를 타고 광주에 도착했던 우리는 생맥주집에 들어갔다. 목이 타서 500시시 몇 잔을 연거푸 마신 제자는 정신을 잃은 듯 몸을 가누지 못하고 비틀거리고 말았다. 집에까지 택시로 바래다주겠다고 했는데 아버지께서 교회 장로이신데 술 취한 그 모습으로는 집에 들어 갈 수 없다고 하였다. 내 생에 여자와 처음 겪는 일이라서 암담하고 당황했다. 스승과 제자요 보호자라는 순수한 생각으로 눈을 잠깐 붙이고 술도 깨고 동트면 택시로 보내 주어야겠다는 생각으로 어쩔 수 없이 터미널 옆 여인숙에 들어갔다. 그런데 그는 방에 들어가자마자 먹고 마셨던 음식을 모두 이불에다 토해버렸다. 술을 마시고 토해 보았지만 냄새가 그렇게 지독한 줄 몰랐다. 그런 냄새를 늘 맡아 온 아내의 얼굴이 갑자기 떠올랐다. 그날 밤 토한 오물을 다 닦아내고 술 깨는 약을 구해 왔는데 그는 열이 나서 그런지 천사의 날개를 훌훌 벗어버리고 잠들어 있었다. 곡선미가 아름답고 탄력 있는 처녀의 몸을 나도 모르게 보고야 말았다. 깜짝 놀란 나의 가슴은 강한 성적 욕망으로 통통 뛰기 시작했다. 그러나 침착하게 이성(理性)의 이불을 덮어주고 뜬 눈으로 어둠속에서 그녀를 지켰다. 알퐁스 도데의 소설 '별'의 여주인공 스테파네트를 지킨 목동 같았다.

수필은 산문으로 작가의 체험이나 보고 듣고 느낀 것들 또는 자신의 심경 등을 과장이나 꾸밈없이 진솔하게 그려내는 문학이다. 따뜻하고도 소박한 인간적인 정겨움과 체취가 숨결처럼 잔잔히 흐르고 이미 존재한 대상을 설명하고 관념을 부여하는 구실을 하는 것이 수필이요 이것이 독자들의 마음속에 전해져 은은한 감동과 공감을 안겨주는 것이 수필의 특성이라 말할 수 있다.

소록도 사랑

남도의 황톳길을 보리피리 불며온
손가락 마디마디 문드러진 얼굴
그대의 슬픔은 나의 영혼을 정화하고

고고한 사슴의 섬 아름다운 그대는
소복한 풀꽃들의 영롱한 설운 눈물
못 잊어
새롭게 잉태한 전설속의 사랑아

권면한 말씀으로 반짝반짝 빛나는
동그란 그대 얼굴 예쁘게 조각하여
숙연히 마주 앉아 본 내 영원한 사랑아!

– 1985년 3월 1일 소록도에서

시는 운문으로 창작문학 주정적 문학이며 정서와 상상의 미학에 있는 문학이고 음악적 요소가 우세한 미의 운율적 언어로 창조된다는 사실과 생명의 해석이요 체험이다. 시는 생명의 소산이며 인생을 위한 시 인간의 감정적 미와 정신적 의의에 눈을 뜨도록 하며 사물에 대한 깊은 관찰과 암축 요약된 언어 표현으로 시인은 감화와 생기와 영감으로 힘을 북돋아 주는 동시에 기쁨을 준다. 시와 수필의 만남은 두 장르의 특징이 한 글에서 동시에 나타나기 때문에 독자에게 효과적으로 전달되어 감동을 줄 수 있다.

동숙의 노래

너무나도 그님을 사랑했기에
그리움이 변해서 사무친 미움

우리나라 고전소설
춘향이와 이몽룡의 목숨보다
더 귀한 사랑을 보면,
권선징악을 주제로 삼았고
동방예의지국으로 지아비를
숙명처럼 섬기며 살아온 여자

세대차를 정복한 순간의 황홀함
내 영혼이 애독할 탐정소설
보물섬의
행복한 결말은
그 보물창고의 비밀번호가
1199임을 알았을 때입니다.

_2011년 9월 9일 소록도에서

나병환자들의 고난과 슬픔이 지금은 우리들의 사랑이 되었다. 대학을 졸업한 딸과 대학에 다닌 두 딸을 둔 어머니가 되어버린 제자와 나는 그날을 생각하며 연육교가 놓인 소록도에 26년 만에 왔다. 그녀는 조용히 '선생님 그날 밤 내가 미웠어요. 나를 곱게 지켜주신 선생님을 존경하고 그래서 지금도 만나는 거예요.'라고 말했다. 나는 무슨 말인지 처음엔 알 수가 없었다.

〈수필시대〉 2012년 3/4 통권 제43호

3부

『시를 쓰는 꽃』 제1시집

문학예술 100인 대표시인선
Literature Art Poem Book Series

박래홍 시집
시를 쓰는 꽃

혼불 문학 앞에 주저앉아
못 이룬 슬픈 사랑인지
짓밟힌 민초들의 애환(哀歡)인지
소곤소곤 이야기 하고 있구나.

세파에 멍든 마음
퍼렇게 시를 쓰고 있구나!

나는
뜬구름 잡는 것도
바람 따라 가는 것도 아니고,
부딪히며 멍들고 찢기면서
영원을 사모하는 마음으로
웃고 사는 것이 삶이라고
청향한 시를 쓰는 붓꽃.

― 「시를 쓰는 꽃」 일부

Poem of Park, Lae-Heung

문학예술출판부

그리움은 희망이다

달아달아 예쁜 달아 희희희 웃는 달아
緩松이 놀던 달아 부끄럼 많은 달아
장미꽃 붉은 입술에 입 맞추는 보름달

우리는 세상물정 모르고 사랑했다
緩松이 영혼으로 사랑했던 2339
달콤한 첫사랑보다 더 영원한 그리움

은하수 저편에서 날 기다린 초승달
활활활 불이 붙은 정렬적인 보름달
황혼에 조각배 타고 즐기리라 그믐달

서문__

훈장냄새 가신 투사의 혼으로 쓴 시

문 병 란
시인, 전 조선대 교수

발문을 쓰려다 작품이 이미 여러 문예지에 발표된 작품이어서 서문으로 대신하여 축하와 격려를 곁들인다.

광주상업고등학교, 광주여자상업고등학교, 광주동성고등학교에서 국어를 가르치며 틈틈이 시를 쓰기도 하고 교사와 학생이 함께 만드는 교지에 의무적으로 쓴'교사시단'단골이었던 그의 시를 대하면서 아직도 그가 국문학과 학창시절 문학청년의 꿈을 단념하고 있지 않음을 알았다.

조선대학교 문리과대학 국어국문학과 졸업과 동시에 ROTC 포병장교로서 최전방부대(휴전선)에서 분단의 아픈 역사를 직접 체험한 후에 그 이력은 교단으로 이어 졌고 또 5.18 민주화 운동 때는 사랑하는 제자 안종필(광주상고), 문재학(광주상고)을 잃은 큰 슬픔을 겪어야 했다.

어느덧 50대 후반의 나이, 졸업 연도를 기억하기 어려울 만큼 문학청년의 꿈은 아스라이 먼 어느 날 한 묶음 원고뭉치를 내미는 그의 양력을 보다가 벌써 50대 후반의 나이임을 알고 깜짝 놀랐다. 60년대 후반 교단에서 사제 간으로 만난 제자, 나 늙는 줄은 알면서 제자 나이 드는 것은 몰랐구나! 이른바 같이 늙어가는 사제동행, 줄탁동시 啐啄同時 인연으로 문예지 신인문학상에 추천하여 등단절차를 밟아주었다. 그의 동기들은 이미 중견작가인데 신인문학상, 어울리진 않지만 첫 시집이 환갑기념이라면 그래도 기분 좋은 일이 아닌가.

교단 출신답게 언어의 절제나 탁마의 솜씨가 누구보다 탁월하고 온건하면서도 언중유골의 칼날 같은 예리함도 지니고 있어 투사적 기백이 곳곳에 피무늬 영롱하다. 광주광역시 광산구는 도시문화와 농촌 문화가 어우러진 곳이다. 그런 환경 속에서 태어나서 그런지 그의 성품은 매우 순수하고 겸손하며 시적정서 또한 온화하면서도 광주 토박이다운 사명감으로 시를 쓰는지 광주의 기백과 한恨이 골격을 이루고 있다. 그의 성실과 정직한 시혼이 결코 흔들리지 않는 격정으로 사물의 정곡을 꿰뚫는 풍자의 송곳이 정수리를 노리기에 명중탄이다.

세상 모든 일이 그렇지만 어느 분야보다 생존경쟁이 심한 곳이 문단이다. 어중이떠중이 자기 눈높이에 맞추어 시인 행세 그다지 어렵지 않다. 다만 경쟁력 있는 수준작을 쓰기란 그다지 쉽지 않다는 것이다. 시 비슷한 시보다 진짜 시 같은 시를 위하여 피나는 자기 연마가 계속 되어야 문단사의 한 페이지에 이름값을 남기게 될 것이다.

오늘날의 문단은 말만 열린 시대이지 울타리도 기준도 없이 시인 명단만 빼곡히 채운 그런 문화 건달이나 수준 미달의 정치꾼들과 어울리거나 자연발생적 감상배설에 다름 아닌 모국어를 모독시키는 가짜 시인들이 많다. 시인은 품위 있는 언어를 사용해야 한다. 세계에서 가장 뛰어난 모국어를 바르게 사용하고 아름답게 가꾸는데 앞장서야 한다. 비어나 속어를 사용해서 언어생활에 혼란을 초래해서는 안 될 것이다. 박래흥朴來興 시인은 단어 하나 쉼표 하나에도 생명을 걸고 우주를 담는 그 책임성. 전력투구하는 성실성이 불바다를 이루고 있고 청출어람의 그날을 기약하는 노력의 흔적 역력하니 칭찬이 결코 어렵지 않다.

민주주의도 애국충정도 사회정의도 인간다운 인간도 교사가 움켜진 분필이나 펜 끝에서 이루어진다. "시는 본질적으로 아름답고 그 속성에서 진실하다" 했듯이 '아름다움'과 '진실'은 필수적이며 두 가지의 융합이 아니라도 적어도 '진실' 은 창끝처럼 날카로워야 할 것이다.

불량한 문학이나 엿보아 유행에 편승 인기 노리는 문학인이 많고 자의식에 갇혀 자신을 뜯어먹고 사는 의식분열로 대중을 속이는 고급 사기꾼 같은 문학인이 많은 현실이다. 박래흥朴來興 시인은 교단에서 학생을 일깨우는 의형의 매가 될 수 있는 정직한 시, 잠 깨우는 시, 싸우는 시, 생각하는 시, 영어바람에 미친 코맹맹이 문화사대주의 골빈 문화, 탐욕과 물질만능에 편승한 놀부시대의 저질문화에 도전하는 정화의 시, 소금의 시, 썩은 환부 도려내는 한글과 모국어의 지킴이 시인이다.

박래흥朴來興 시인이여! 지금까지 살아 온 것처럼 앞으로도 교만하지 않고 겸허하되 성공보다 실패를 두려워하지 않는 지혜로운 황제의 고독을 지니고 속중을 가엾이 여기되 그들의 가슴에 불꽃을 심으라. 용기 있게 정의, 민주, 광주를 사랑하며 질풍노도와 같은 민족 사랑으로 통일시대의 기수가 되라.

2008. 5. 지산동에서 문병란 씀

첫사랑 고아도

2014년 9월 3일 1시 30분 90순의 빙모님과 첫사랑 고아도를 보기 위해 43년 만에 찾아갔다. 목포대교가 생기고 인간의 발길이 쉬워져서 많은 사람이 찾게 되면서 아름다운 섬이 쓰레기와 음식물 썩은 냄새로 가득했다.

1971년 여름 도서지방 방언조사라는 여름방학 과제를 핑계 삼아 막걸리를 좋아하는 필자와 임찬구, 박판석 셋이서 그리워했던 목포에 왔다. 터미널에 내리자마자 근처에 있는 막걸리 집을 찾아 들어 갔다. 갯내음 풍기는 아름다운 목포항 바닷가의 주막집을 찾았다. 우리는 돈이 부족하여 안주도 없이 술을 마시는데 주인은 꼬막, 해삼, 멍게를 가지고 오신다. 주문도 안 했는데 무슨 안주냐고 했더니 오늘이 개업하는 날이라고 한다. 우리는 고마움에 보답하는 뜻으로 술이나 많이 팔아드리자는 마음으로 돈이 바닥날 때까지 실컷 마셨다. 목포항 풍광에 취하고 막걸리에 취했다. 여인숙에서 잠을 자고 새벽에 일어나 보니 필자와 판석은 홀라당 벌거숭이가 되었다. 임찬구 친구가 술 취해 잠자는 우리들의 팬츠를 벗겨서 유리창 밖에 감추어 버렸다.

어제 마신 술로 속이 쓰렸다. 아침부터 목포 선착장 해장국집에서 막걸리로 속을 풀었다. 술을 마시고 바라보는 바다와 섬 풍경은 너무 아름답고 가보고 싶은 충동이 파도처럼 일어났다. 배를 타고 30여분 지나니 '고아도'라는 섬에 도착했다. 육지에만 살았던 우리에겐 너무 아름다운 섬이었다. 섬 이 곳 저 곳을 구경하며 염전에서 소금이 만들어진 과정도 염부에게 물어 알아보며 바위에 다닥다닥 붙어 있는 굴도 깨서 먹는데 저 멀리 바위에서 낚시하는 아가씨를 발견했다. 꽃게를 낚시하고 있었다. 우리도 같이 재미있게 꽃게를 낚아 올렸다. 그녀는 점심시간인데 식사는 어떻게 하느냐고 물었다. 구멍가게만 하나 있고 식당은 없다고 말했더니 잠시 기다리라고 하더니 어디서인지 큰 쟁반에 김밥 육전 꼬막 생선구이 과일을 가득 가지고 와서 맛있게 먹었다.

돈도 다 떨어지고 식당도 없어서 점심도 못 먹어 배가 고팠는데 배부르게 먹은 우리들은 고마움을 표현하고 광주에 오면 연락하라며 나의 주소와 박판석 전화번호를 알려주고 선상에서 손을 흔들며 헤어졌다.

전남여고 후문에서 만나자고 편지가 왔었는데 날짜가 지나서 만나지 못 했다.몇 번의 편지를 주고받고 하던 어느 날 유달산 달성사 절 입구 벤치에 앉았다. '눈을 감으면 하늘의 무수한 별이 나타나리라' 말을 했더니 그는 정말로 천사처럼 눈을 감았다. 그 때 처음으로 키스를 해보았다. 아마 무수한 별이 그대 눈에서 반짝반짝 빛이 났으리라.

1972년 추석날 183포병대대 배구 경기가 있었다. 나는 B포대 선수로 추리닝을 입고 한참 연습을 하는데 정문 경비초소에서 애인이 면회를 왔다고 연락이 왔다. 애인이 없는데 누구일까 그녀는 남쪽 끝 목포에서 양구군 방산면에 있는 183포병대대에 면회를 왔다. 그날의 내 일기장에는 '천사는 죽었다' 라고 쓰여 있다.

시집가지 못한 39살 손녀를 태산같이 걱정하시다가 결혼 날짜 잡았다고 말했더니 '하나님 감사합니다' 몇 번을 반복 하시더니 너무나 기쁨이 넘쳤을까 그렇게도 기다리던 손녀의 결혼식을 10일 남겨두고 2015년 8월 12일 오전 교회 갔다 오신 장모님은 머리가 약간 어지럽다며 침대에 누워 계시다가 소천 하셨다.

13일 입관하는 날 가족이 다니시는 목사님과 교인들의 입관 예배가 끝나고 가족들 앞에서 입관을 하였다. 나는 참았던 눈물을 쏟았다. 그 이유는 방학하면 모처럼 찾아가는 나를 백년지객이라고 내가 좋아하는 홍어 낙지 활어 조개를 준비하시느라 정신없이 뛰어 다니시고 외손녀 낳을 때마다 고생하시는 장모님의 모습이 주마등처럼 지나가기 때문이다.

하늘 길 가시던 날

백년도 못 살면서 천년을 걱정하던
우리 빙모님은 누구를 만나려고
예쁘게 연지 곤지 립스틱 바르시고

늘 다니시던 교회당
보금자리 북항 부부주유소
분수가 춤을 추는
하당 온 누리 감자탕집
못 잊어 못 잊어서 어떻게 떠나신고

백년손님 왔다고 달려간 목포선창가
팔딱팔딱 뛰는 숭어, 광어, 병어
꿈~틀 세발낙지가 천하에 일미인데

생전에 손수 만드신
천사나래 수의 입으시고
아들 딸 사위 돌아보지 않으시고
어디로 떠나시는지 아이고! 아이고!

고모령 눈물고개

1969년 조선대학교 국어국문학과 2학년 때 일이다. 미치게 푸른 가을하늘 울긋불긋 단풍든 가을날 문병란 조선대학교 국문학과 담당 교수님과 김준태 독일어과 친구, 임찬구 국문과 친구, 박판석 국문과 친구와 함께 완행버스를 타고 비포장도로를 덜그덩 덜그덩 삼거리에서 내려 한참을 산길로 올라가 가암산 바위고개에 앉았다. 고개를 넘으면 내 고향 광주시 광산구 양동마을이다.

바위고개에 앉으면 황룡강, 어등산, 무등산자락 하얀 조선대학교가 훤히 보이는 곳이다. 초등학교 때부터 이 고개를 넘어 다녔고 바위고개에 앉아서 무등산을 바라보며 청운의 꿈을 키웠고 저 하얀 대학교에 언제나 다닐까하며 희망을 키웠던 곳이다.

어머님이 쌀 포대를 이고 김치단지를 들고 힘들게 오셨다가 나에게 넘겨주시고 내가 버스를 타고 떠나는 것을 보시고야 집으로 가셨던 곳이다 말했더니 문병란 선생님께서 이 바위고개를 고모령 고개라고 이름을 붙여 주셨다.

내 고향 곰실마을 가는 길은 가암산155미터 8부 능선을 넘어야 하는 산길이다. 주변에 마을이 없고 전기불이 없어 밤이면 칠흑같이 캄캄해서 무서웠다. 인적이 드물고 공동묘지가 있어 밤낮 넘어가기가 매우 으슥한 산길이다.

얼마 전에 칠성마을 학생들이 우리 동네 예쁜 여학생을 희롱하고 성폭행한 사건이 있었다. 한 달에 한 번 고향에 와서 식량과 반찬을 가지고 가는데 그날 숲속에서 그 후배 학생을 만나서 무릎을 꿇게 하고 주먹질을 했더니 화가치민 그 후배가 내가 한 달 먹을 고추장단지를 바위에 던져 화풀이를 했다. 그 여름 반찬이 없어 자취집 들어가는 골목 고추밭에서 고추 몇 개 따다가 주인한테 들켜 모욕을 당하기도 했다.

문병란 선생님과 일행은 고모령 고개를 넘어 꼬불꼬불 산길을 내려와 저의 부모님께 인사를 드리고 어머니께서 빚은 동동주에 촌닭을 삶아 술 안주하니 술이 술술 목구멍으로 넘어 갔다. 한참을 마신 우리는 동네 구경을 하다가 맑은 시냇가에 자리를 잡고 앉아서 문학이야기 사랑이야기 인생이야기에 빠졌다. 술이 취한 김준태가 선생님을 보듬고 물속에 풍덩 물에 빠진 생쥐가 되었다.

우리 집 사랑방에서 하룻밤을 보내고 울긋불긋 단풍든 뒷동산을 넘어 함평군 월야면 양정리 박판석 고향집으로 갔다. 가는 길에 참샘에서 폭포처럼 떨어지는 추석후의 차가운 물로 목욕을 했다.

박판석 집에서 추어탕과 붕어조림으로 점심을 맛있게 먹고 동네 윷놀이 하는 구경을 했다. 시골 주막집에서 돼지고기에 두부 넣고 끓인 찌개에 막걸리는 왜 그렇게 맛이 있는지 먹어보지 않은 사람은 모른다. 판석 친구는 늦가을 차가운 물속 방죽 한가운데 피어 있는 연꽃 한 송이를 꺾어서 문병란 선생님께 드렸다. 향가 하나인 헌화가가 떠올랐다.

문병란 선생님께서 돌아가신지 7주년이 되고 늦가을이 되니 옛날의 추억들이 소록소록 생각나고 문병란 선생님이 하나님처럼 그리워집니다.

인생의 시각

작은 씨앗 속에도 우주가 생존하고 있다. 우리 모두는 가슴속 깊이 별 하나씩 안고 산다. 그 별은 하나님의 등불이다. 너무 멀고 작아도 이 별하나 의지하고 산다. 나락의 사선에서도 가슴속 활활 타는 영혼 꺼질 때까지 따를 것이다. 육신이 무너지고 마음이 흔들리면 영혼에 구원이 손길을 내민다. 황무지의 빈터를 꽃밭으로 만들자. 아픔이 만든 열매는 아름답다. 죽도록 붙들고 늘어질 때 아름다운 창작품은 탄생한다.

영혼은 몸의 주인이다. 마음이 흔들리면 육체는 방향을 잃어 휘청휘청 바람에 흔들린다. 소리 속에는 생명이 있다. 뱃고동소리 기적소리 멀리서 들려오는 종소리 넋을 울리는 소리가 있다. 즐거운 비명소리 산이 우는 소리, 어제의 반추는 내일의 거울이다. 오늘을 사는 것은 내일의 희망이 있기 때문이다. 안개거치면 푸른 산천, 먹구름 지나면 맑은 하늘, 지나온 자국마다 꽃씨 뿌려 놓았는데 언제쯤 활짝 곱게 꽃이 필까?

인생은 그리움이고 기다림이다. 삶이 힘들고 인생이 외롭다고 생각할 때는 약주를 한잔 마셔보아라. 필자도 약주를 좋아하지만 술의 종류가 이렇게 많은 줄은 몰랐다. 약주를 매우 좋아하신 포항공대 윤민수 교수의 멋진 '소주 인생' 이란 시를 감상해보자.

소주 인생

'진로'같이 깨끗한 그대를 만나
'금복주'처럼 복덩어리 같은 아이들을 얻을 수 있었습니다
'한라산'처럼 높은 곳을 많은 산등성이를 헤쳐 올라오다보니
'좋은데이'도 있어
'시원한 청풍'도 느낄 수 있었고
때론 긴 밤 지새우고 새벽녘 풀잎마다 맺힌
'참이슬'처럼 우리의 맘에 실움이 알알이 맺힐 때도 있었습니다
아직도 '처음처럼' 예쁜 마음이 고스란히 얼굴에
담겨 있는 당신을 보면
저는 '즐거워예'
앞으로도 당신과 '맛있는 참' 인생을 살았으면 합니다
벌써 저녁 '아홉시반'이 되었네요
이제 당신과 '사랑할 때' 입니다

어느 부모의 마음

이산가족 상봉하는 어느 날이다. 아버지라고 하는 허름한 옷차림의 50대 후반 중년과 아들이라고 하는 20대 후반의 초라한 옷차림의 청년이 양쪽으로 나뉘어 앉아 있다. 부자父子 관계를 서로 확인하고 있었다.

첫째 '아들이 어렸을 때 못에 발가락을 찔린 자국이 있다' 확인해보니 흉터가 있었다. '아들은 어릴 때 못에 안 찔린 아이 있느냐' 반문했다.

두 번째 '엉덩이에 불에 덴 자국이 있다'고 하여 확인해 보니 흉터가 있었다. 확실한 아들이었다. 그런데 아들은 도망가듯 자리를 떠났다. 자식임을 거부하는 눈치였다. 사회자가 아들을 불러 아들이 분명한데 왜 도망가느냐 물었다. 역경 속에 혼자 살아 온 아들은 의지할 아버지가 필요하지 부양할 아버지는 필요 없다는 식이었다. 그러나 마음을 고쳐 아버지로 모시기로 결심했다. 아버지는 아들 모습을 보고 아들에게 부담주지 않으려고 일부러 허름한 옷을 입고 왔던 것이다. 알고 보니 아버지는 중소기업 사장이었다.

아들을 하루도 잊지 못했던 것은 전세금이 없어서 사글세로 짐을 싣고 이사를 가는데 어린 아들이 없는 것을 알고 가보니 아이가 없었다. 부모 때문에 이산가족이 되었다는 죄책감에 미칠 것 같은 삶을 살았다고 말했다. 그렇게도 기다리던 아들을 찾았으니 이젠 아들에게 회사 경영권을 넘겨주겠다고 말했다.

부모를 살인한 박한상은 미국 유학까지 보냈는데 아들은 공부하지 않고 오락과 노름으로 많은 빚을 짊어지게 되었다. 탕진한 빚을 갚아달라고 했는데 거절하자 복면을 쓰고 부모가 잠자는 방에 들어가 칼로 부모를 난자했다. 그때 아들의 손톱이 휘두르는 칼에 떨어져 나갔다. 칼에 찔린 어머니 범인의 복면을 벗기던 어머니는 아들임을 알고 아들의 떨어진 손톱을 삼켜버렸다.

세상의 어느 부모나 자식을 사랑하는 마음은 똑같고 거룩하다. 그러나 자식들의 부모 사랑과 공경은 다르다.

4부

『미움 넘어 그리움』 제2시조집

기다림 · 8

인생은 누군가를 기다리는 시간이다
기다림의 세계는 쉽게 이룰 수 없는데
사랑은 기다림이란 씨앗에서 싹트고

내일의 무지개꿈이 꽃동산을 이룬다

겨울 뒤 봄이 오듯 우리는 소풍 와서
춤추며 노래하다 본향으로 떠난다는
시인의 눈물 미소는 기다림의 강이다

신앙도 기도하면서 기다리는 삶이다

평설__

그리움 위에 펼친 언어적 구원救援

김 종

시인·화가·조선대 교수

지난 해 초에 인공지능 알파고와 인간 최고의 두뇌 이세돌과의 대결에서 인간의 패배는 예정된 수순手順에 접어든 듯 했고 피할 수 없는 해프닝처럼 끝났다. 허지만 이는 어디까지나 초입일 뿐 본격 진입 이후는 그 무엇도 장담할 수 없는 자리로 치달릴지 모른다.

인간들의 세상에 증기기관차가 출현하고 산업혁명이 열리더니 에디슨이 발명한 전기에서 컴퓨터의 출현을 거치고 IT에다 AI의 진전으로 인간은 인간이 만든 그 많은 기계에서 발생된 여러 충격들을 조심조심 견뎌가고 있다. 이 같은 일들은 머잖아 더 많은 풍속으로 이어질 조짐이며 그리되면 기계가 문학을 창작하는 시대 또한 예견할 수 있을 것이고(지금도 진행 중이지만) 그 때의 문학을 일찌감치 '구조의 문학'이라 명명해 둔 상태이다. 인간이 기계의 기능을 만들고 그 기능에다 해당 자료를 투입하기만 하면 이야기는 얼마든지 풀어내거나 엮어지는 시대에 우리 모두가 들어서고 있다는 사실이다.

＊ 알파고도 영혼의 푸른 감동을 노래할 수 있을까

『로봇시대의 인간의 길』에서는 2020년이면 자율운전차로 인해 인간의 운전이 위법이 되는 시대를 예고한다. 그리되면 인간은 운전대에서 손을 떼는 완전 기계화의 시대가 될 것이며 매년 교통사고로 120만 명 이상이 사망하던 것을 자율 운전차가 보편화되면 그들 사고의 90%가 사라질 것이라고 전망한다. 자동 번역 시대 또한 뒤따를 것인데 사람들은 나라마다 다른 언어를 따로 배우지 않아도 되는 시대에 들어서리라는 것이다. 이제는 인간에게 언어란 어떤 의미를 지니는 것이며 언어와 사고 기능이 분리되는 시대를 어찌 살아야 할까가 궁금해진다. 생각을 이어가자면 한이 없는 여러 우려 섞인 질문들은 그럼에도 아주 가까운 거리에서 다음 단계의 대답과 조치를 기다리고 있다.

로봇이 인간의 노동을 대신하게 되면 사람들은 더 많은 여가를 활용하면서 이를 즐기기만 하면 되는 인간만의 시대를 기대하고 있다. 이미 감정을 가진 Humanoid도 출현하였고 이의 역할이 어느 만큼의 재앙으로 이어질 것인가는 면밀히 점검해야 할 시점으로 가고 있다. 로봇 강아지 Aibo에 대한 서비스가 종료되어 주인들이 이 기계 강아지의 장례식을 치러주었다는 기사는 처음 대하는 지금에만 낯설 뿐이다. 인공두뇌를 통한 걱정 천지의 시대에 박래흥 시인의 시조 작품들을 받아서 읽었고 쏟아지듯이 여러 질문들이 엄습해왔다.

그렇다면 우리 인간을 그토록 공포스럽게 생각한 알파고에게도 과연 인간이 누리는 그리움이 있기는 할까. 갈한 자가 물을 찾듯 알파고에게도 절체절명의 사랑이란 게 있을까. 알파고도 사람처럼 해지는 저녁이면 연기 나는 마을을 찾아 어디론가 길 떠나가고 싶은 고향이 있을까. 형제자매를 생각하는 핏줄의식과 강보 위의 포근한 품을 그리는 그 간절한 부모사랑의 노래가 있을까. 아니다, 아니다, 아니다. 더더욱 직핍한 표현으로 그 잘난 알파고에게도 무한사랑을 감득한 절대자에의 기도가 어디까지 가능할까. 이 지상에서 그 무엇과도 비교할 수 없는 인간만의 특권인 '구원' 을 향하여 두 손 모아 기도하는 영혼의 푸른 언어를 감동의 운율로 노래할 수 있겠는가 하는 점이다.

필자는 언제부턴가 문학도 일종의 권력이란 생각에 골몰하곤 한다. 문학을 통한 인간구원의 관심사야말로 그 무엇에도 우선하는 인간만의 언어적 권력에 참여하는 특별한 일이고 그 권력을 수행하는 중심에 인간이 자리 잡고 있다는 생각이다.

박래흥 시인의 시편 전체를 이 같은 생각 속에서 독서하였고 박시인의 언어가 그리움의 형식을 빌려 구원으로 가는 자별한 절대자에의 노래들이란 결론을 얻었다. 이들을 가감 없이 독서하면서 그 느낌의 일부를 담아내는 것이 필자에게 맡겨진 마땅한 소임일 터이다. 그러기에 이 자리에서 "인간이 곧 문학"이라는 부폰이나 "그 나무에 그 열매"라는 레온 에델의 명제는 변개할 수 없는 문학탐구의 고전적 아포리즘이고 박래흥 시인에 대한 우리의 독서 또한 여기에서 출발한다.

소중한 시간

러시아 대문호 도스토예프스키는
사형집행 5분전 소중한 시간으로
죄와 벌,
카라마조프의 형제들은 탄생했다

흐르는 세월 앞엔 사랑도 고독이야
명작은 세월을 넘어 주옥으로 빛이 나서
올려진
손바닥 위에 연인처럼 눈 맞춘다

한 잎 한 잎 꽃잎마다 흐르는 눈물들로
영혼을 녹이는 자리 사랑문자 보내는데
시간은
운명을 안고 바람처럼 스친다.

박래흥 시인이 생각한 '소중한 시간'이란 무엇일까. 그것은 다름 아닌 '영혼을 녹이는 운명의'자리에 도달하는 일은 아닐까. 작품이 시작하는 자리에 '러시아 대문호 도스토예프스키'를 예로 끄집어내고 '죄와 벌'과 '카라마조프의 형제들'이 탄생한 극적인 시간들이 영혼을 녹이는 시간으로 환치하면서 시인은 이 시간을 "손바닥 위에 올려진 연인처럼 눈 맞춘다"고 하였다.

비슷한 예가 될지 모르겠는데 소크라테스가 집행관측에서 독약을 준비하는 동안 노래의 한 소절을 연습하고 있었다. 그때 누군가가 신음하듯이 "지금 이 자리에 그게 무슨 소용이오?" 라고 하자 소크라테스의 대답인즉 "그래도 죽기 전에 음악 한 소절은 배우지 않겠소!"라 하였다. 필자는 이 순간의 소크라테스야말로 한 사람의 철학자가 아닌 절체절명의 시인이거나 예술가였다고 생각하였다.

어느 시인이 암 진단 뒤에 힘들게 투병하면서 그 절박한 심정을 어찌 시로 쓸까를 궁리했다한다. 이 같은 일들은 "내일 세상의 종말이 와도 한 그루의 사과나무를 심겠다."는 청정한 시적 사건에 진 배 없겠고 이처럼 절박한 상황에서 보다 큰 감동이 태어난다는 것은 상식이다. 세월이 흐르면서 사람은 몸도 마음도 사랑도 모두가 변하기 마련인데 인간이 남긴 '명작'만은 시간의 흐름에도 변색 없는 감동과 울림을 유지하는 게 문학이다. 그걸 손바닥 위에 올린 연인처럼 눈 맞춘다고 하였으니 이것이 어느 만큼을 애착한 시간인지는 상상하기에 어렵지 않다. 그리하여 다다른 곳이 바로 "한 잎 한 잎 꽃잎마다 흐르는 눈물들"의 자리였고 그 자리에 "영혼을 녹이는 사랑문자 보낸다."는 시인의 시간이야 어찌 "운명을 안고 바람처럼 스치는 시간"이라 하지 않겠는가.

〈소중한 시간〉은 "흐르는 세월 앞엔 사랑도 고독"과 한가지라는 사실에 다다르면서 세월을 넘어 주옥으로 빛나는 명작에의 시간임을 노래한 것이리라.

해바라기의 기도

옥녀봉 치마 자락을 끌어당긴 동성고 교정
땡볕 안은 여름 한철 머리 숙인 묵상으로
임 그린 태양을 향해 기도하는 해바라기

뺨 때린 비바람을 노랗도록 참아내며
메마른 질곡에서 노동의 피땀으로
풍성한

열매 맺고서
행복하게 웃는군
산새도
나를 위해
하루 종일 찬송하고
꽃들도 나를 위해 빨갛게 기도하는데
나도야! 누군갈 위해 기도문을 써야지.

〈해바라기의 기도〉는 대자연의 자잘한 표정을 보며 호모사피엔스인 시인이 "나도야! 누군갈 위해 기도문을 써야"겠다는 다짐에의 깨우침이 복사열처럼 번져오는 작품이다. '해바라기'는 이름처럼 '해'만을 바라보며 하루의 운행을 이어가는 꽃이다. 그 꽃의 개화나 빛깔이나 생김새에 대해서는 시인들의 계속된 언어적 관심이 있어 왔다. 화자인 시인에게 '머리 숙인 묵상'으로 땡볕을 안고 여름 한철을 '오로지 태양'만을 따르며 기도하는 해바라기가 무심하지 않았던 것이다.

***우리네 인정 표현은 "불빛이 보이는 거리"**

이어지는 시인의 생각이 재미있다. 해바라기의 노란 빛은 '비바람'에게 뺨 맞은 아픔을 참아내느라 그리 되었다는 것. 생각의 색채나 깊이가 장히 흥미롭다. 분명 해바라기가 정신 못 차리게 뺨 맞아도 황달이 들만큼 참아냈다면 이는 이만저만한 고통이 아닐 수 없었겠다. 이럴 때 폭염 또한 엄청난 질곡이고 노동의 피땀은 풍성한 열매 뒤의 행복에 이르는 웃음의 징표이다. 그런데도 세상 만물을 들여다보며 산새도 꽃들도 제 목소리나 빛깔만큼 찬송하고 기도하는데 인간인 나 역시 "누군갈 위해 기도문을 써야"겠다는 시인의 작정이 이 작품이 보여준 절정이며 대미大尾다.

'기도祈禱'란 "인간이 뛰어난 능력의 절대적 존재에게 소원한 바를 비는 일"을 말한다. 해바라기의 묵상에서 시작한 이 작품의 전개는 우선 메마른 질곡에도 풍성한 열매를 맺고 행복하게 웃는 대자연 위에 찬송하는 산새와 뻘겋게 기도하는 꽃들과 그리고 누군가를 위해 기도문을 쓰는 시인과의 간극에는 감사의 마음이 채워져 있었던 것이다.

겨울 금강

군산횟집 문틈으로 바라본 장항항이
이별한 이몽룡처럼 춘향을 손짓하며
맺어진
하굿둑 사랑이 일렬로 춤을 춘다

바다와 등 돌리고
누워버린 금강은
풋사랑 인연 앞에서
철새들을 날리고
그리운
마음의 눈보라 갈기처럼 휘두르다

묻어둔 가슴 한 켠엔 시련의 아픈 역사가
세월을 쓰다듬고 흐름을 담금질해
금강은 보석을 닮아 단단하고 아름답다.

이 작품의 독법에는 문화사적인 얘기가 이어지겠다. 무슨 생뚱한 이야기냐고 할지 모르겠는데 금강錦江이 원래는 호강湖江이었다는 사실은 그리 널리 알려진 일은 아니다, '영남嶺南'이 고개의 남쪽이었던 것처럼 '호남湖南'이 호강의 이남以南을 가리킨다는 사실은 그리 어려운 추정은 아니다. 경역境域으로 설정한 호남은 어디에서 어디까지를 이르는 것일까. 이때에 호남을 구획 짓는 일에 특정 지형지물로는 몇 곳이 등장하였다. 예컨대 충북 제천의 '의림지'라든지 김제의 '벽골제' 등이 충청도의 '금강'과 함께 줄기차게 거론되지만 좁혀진 결론은 '금강'으로 모아졌고 제주도를 제외한 도서 일부와 전라남북도의 지역을 가리키는 지리지형학적인 구역이 확정되었던 것이다. 그렇다면 용어의 정립에서 호남은 금강 이남이니까 '금남'이라할 것을 어찌하여 '호남이라 명명한 것일까'

여기에는 수수께끼 같은 사실 하나가 숨 쉬고 있다. 언제라고 짚어낼 수는 없지만 금강과 영산강이 옛날 이름을 서로 맞바꾸었다는 사실이다. 그러니까 영산강의 옛 이름인 '금강'이 어느 세월엔가 충청도의 호강이 되고 금강의 옛 이름인 '호강'이 지금의 영산강으로 내려왔던 것이다. 영산강은 오늘의 이 이름에 오기 전에 '금강'이었고 이 강이 강보처럼 안아서 흐르는 고을 이름이 '금성錦城'이었다. 그러다가 금강과 이름을 바꾼 '호강'이 되고 호강은 다시 '풍호강楓湖江'으로 불리다가 이내 영산강으로 자리 잡게 된다. 이나 저나 언젠가 우리의 전라도를 흐르는 영산강과 충청도를 흐르는 금강이 그 이름을 바꾼 전설적인 일이 일어난 것이다. 그 결과 "군산횟집 문틈으로 바라본 장항항"과 관련한 금강이 "이별한 이몽룡처럼 춘향을 손짓"하면서 "하굿둑 사랑이 일렬로 춤을" 추게 하고 "풋사랑 인연 앞에서/철새들을 날리다"가 "그리운/마음의 눈보라"를 말갈기처럼 휘두르는 자연으로 바뀐다. 그러면서 나아간 자리가 가슴 한 켠에 묻어둔 "시련의 아픈 역사"를 떠올리는 생존의 현장이 된다.

시인은 이쯤에서 심호흡처럼 한 번의 휴지休止를 만든다. 그게 바로 '세월'과 '흐름'인데 이들의 동일현상을 하나는 '쓰다듬고' 다른 하나는 '담금질'한다는 인식이다. 그러고 나서 시인이 목표한 "금강은 보석을 닮아 단단하고 아름답다"는 직절한 표현을 보여준다. 이쯤에 오면 이 작품이 펼친 시적 오지랖은 계절이 '겨울'이고 '금강'의 어의적 해석이 '세월'과 '흐름'을 쓰다듬거나 담금질하는 '금강金剛'으로 전이되어 시의 복층複層적 의미를 형성한다.

강의 세월은 대자연의 흐름이다. 허지만 이들 대자연의 세월과 흐름은 인간의 생존과 맞물린 삶의 상관성에 다다른다. 여실한 거지만 가슴 한 켠에 묻힌 아픈 역사가 있었기에 그 역사를 안고 흐르는 세월을 쓰다듬거나 담금질할 수 있었으며 그 결과가 이내 보석 같은 단단하고 아름다운 '금강'을 보여주기에 이른다.

작품에서 조금 벗어난 얘기를 하자. 우리의 '천석고황泉石膏肓인 '호남'은 그 중심에 '광주'와 '무등산'이 자리 잡고 있다.

서울에서 광주를 향해 내려오다가 호남터널을 지나면 시야에 마치나 먼 길 달려온 자식걱정에 등불 잡고 마중 나온 어머니의 자애로운 모습처럼 키 큰 무등산이 들어온다. 아, 옛날이여. 지금은 이마저 흘러간 고복수가 되어버려 서울이야 KTX를 타고 1시간 반이면 오르내리는 세상이 되었으니 '편리'가 그리도 무궁하던 그리움을 몽땅 도둑질해간 이 허전함을 무엇으로 어루만질 것인가. 금강이 바다와는 등 돌리고 누웠다고 해도 호남의 시작은 거기서 부터이며 '장항항'과 '군산횟집'은 거리상으로 이웃집 같은 거리의 풍경들이다. 얘기가 나왔기에 그리고 작품 또한 그 같은 뉘앙스를 풍기기에 객담 한마디를 보태면 '인정人情'을 표현할 때 우리는 대체로 "불빛이 보이는 거리"이고 물 건너 다른 나라들은 "수프가 식지 않는 거리"로 인식되는 것을 이 작품에서도 독서할 수 있었다.

미움, 넘어 그리움

애타는 그리움을 밤을 새워 잠재우면
상상도 의심도 신기루처럼 사라질까
사랑은
섬으로 떠서 이 세월을 설렌다

미움은 사흘인데 기다림은 백년이라
잊으려 애를 쓰면 그리움만 커져버려
사랑을
물 푸듯 쓰면 잊은 듯이 마를까

오지 않는 그대는 미움, 넘어 그리움이다
마음 속 깊은 곳에 샘물처럼 찰랑이던
그대를
들여다보며 추억 속을 걷는다

그대의 꽃향기가 우주 가득 피어올라
밝히는 십자가로 꽃 초롱을 받쳐 들면
황혼은
참 아름다운 바다 밤을 새워 철썩인다.

〈미움, 넘어 그리움〉은 이 작품집의 표제작이다. 뭐랄까, 반드시 표제작이 그 작품집을 내세우는 대표작은 아니지만 〈미움, 넘어 그리움〉은 미움 뒤에 찾아낸 그리움처럼 여타 작품들을 거느릴만한 대표작의 여지가 충분하다. 우선 이 작품은 가정법에서 그 진술을 이어간다. 그리고 그 그리움은 항용 여러 기다림을 동반한다. 많은 경우 미움은 사랑과는 동전의 전후 같은 관계가 다반사다. 미움은 사랑에서 연유된 경우가 많으며 사랑에 까탈이 붙어서 미움으로 발전하는 것을 주변에서 흔히 볼 수 있다.

그러나 미움과 그리움을 화자인 박래흥 시인에게 대입하여 이야기하면 우선 박래흥 시인은 절대자인 하나님을 신앙하는 독실한 크리스챤이다. 크리스챤의 기본 정신은 무어니 무어니 해도 절대사랑이다. 요컨대 "오른빰을 때리면 왼빰을 내 놓으라"거나 "오른 손이 하는 일을 왼손이 모르게 하라." 등의 가르침이 예수의 신앙정신을 떠받친 기본적인 진리들이다. 이런 터에 박래흥 시인은 평소에도 한 사람의 시인 이전에 베풀거나 어울리기 좋아하고 남 미워할 줄 모르는 호인근성으로 주변 사람들의 친화적 응집력을 한 몸에 지닌 사람이다. 그런 그에게 흘러든 미움에의 감정은 어디에서 연유한 걸까.

시인은 그리움을 밑천삼아 살아가는 존재이다. 만약에 시인에게 그리움이 바닥나면 그때는 백수건달이기 십상이다. 그 그리움이 미움을 넘어 '섬으로 떠서' 이 많은 세월을 설레는 '사랑'으로 떠있기에 밤을 새워 애태우며 잠재웠던 것이다. 만약에 시인에게 이 같은 사랑의 감정이 존재하지 않았다면 어찌 그 무한천공을 채우고도 남을 그리움을 노래할 수 있겠는가. 시인이 이 작품에서 독자에게 읽히려는 중심 메시지는 동일항목에서 "그대를/들여다보며 추억 속을 걷는다."거나 "황혼은/참 아름다운 바다 밤을 새워 철썩인다." 쯤 될 것이다. 필자는 이 두 개의 시행을 살피면서 박래흥 시인의 언어가 참으로 결곡하다는 사실에 이르렀다. 여기에 오기까지 시인은 '오지 않는 그대'가 미웠고 그 미움을 넘어서 "마음 속 깊은 곳에 샘물처럼 찰랑이던/그대" 향한 그리움을 추억 만들어 걷기도 하고 밤을 새워 파도처럼 황혼과 바다를 철썩였던 것이다.

이 작품에서 시인은 '오지 않는 그대'를 '미움, 넘어 그리움'이라 하였다. 필자는 이 부분을 우리네 '생의 전 과정'을 여러 방향에서 음미한 좋은 표현이라고 보았다. 생의 도정道程에는 오지 않는 그대가 어찌 한둘이었을까. 그래서 때로는 서운한 맘에 토라지기도 하고 의절하겠다고 독한 마음을 먹다가도 먼 하늘을 향하여 끝날 줄 모르는 그리움을 보내는 존재가 시인이 아니던가. 그래도 시인은 '우주 가득 피어' 오른 '그대의 꽃향기'를 못내 그리워한다. 이 일이 박래흥 시인에게 오면 불 밝힌 '꽃 초롱'의 꽃향기는 다름 아닌 '십자가'의 능력에서 꽃피어난 '구원'으로 바뀐다. 이 자리에서도 예외 없이 생각되는 십자가의 능력은 다름 아닌 절대자에의 그리움으로 다가온다. 종교문학이 형상화에만 성공하면 그것들은 불가사의를 보일만큼 많은 사람에게 감화를 안겨주는 특별히 위대한 능력이기도 하다.

*문학으로 "북녘 땅 꽃밭에도 물을 댈 수 있다면"

많이 장황해졌지만 추억 속을 걸으며 들여다본 그대나 밤을 새워 철썩이는 '참 아름다운' 황혼이나 화자의 심정적 풍경을 보여주기에 부족함이 없는 표현들이다.

꽃밭에 물을 주며

묵정밭 내 가슴에 꽃밭을 만들어서
박꽃 백합 동자꽃 금낭화 몽땅 심어
봄여름
가을 겨울날 닷새마다 한 달마다

팔천 그램 만 그램 사랑의 물을 주면
꽃들은 싱글벙글 춤추며 넝쿨을 벋어
색동옷 갈아입고 나를 끌어안는다.

꽃씨들 봄바람에 추억은 전설이 되고
내 마음 넘어간 다음 화려하게 꽃피우던

영롱한 내 영혼의 물 아낌없이 적셔주리
북녘 땅 꽃밭에도 물을 댈 수 있다면
몸 씻은 꽃향기로 우뚝한 믿음을 닦아
천지는 아름다워라 노을빛도 황홀하고.

꽃밭에 물을 주면서 떠올린 시인의 생각은 단순하지가 않다. 시인은 꽃밭에 물을 주기 이전에 내 가슴의 묵정밭을 일구어서 꽃밭을 만들었다. 그리고는 "박꽃 백합 동자꽃 금낭화 몽땅 심어" 춘하추동 사계절을 "닷새마다 한 달마다" "팔천 그램 만 그램 사랑 위에 물을 주" 었던 것이다. 그랬더니 꽃들 또한 "싱글벙글 춤추며 넝쿨을 벋어" 한 몸처럼 색동옷 갈아입은 '나'를 끌어안았었다. 꽃밭에 물을 주는 일은 묵정밭 내 가슴에 꽃밭을 만들어서 그 꽃들이 싱글벙글 춤추며 넝쿨을 벋고 색동옷 갈아입은 나를 한 몸처럼 끌어안는 일까지를 요량한 일이었다. 그러면서 이야기는 새롭게 한 굽이를 넘어선다. 봄바람에 꽃씨들의 추억은 내 마음 자리에 화려한 꽃을 피우려 내 영혼의 꽃밭에 물을 주는 일이었다.

작품은 의미 확장에 나아가면서 "북녘 땅 꽃밭에도 물을 댈 수 있다면"을 가정법으로 제시한다. 그러면서 "몸 씻은 꽃향기로 우뚝한 믿음을" 노을빛도 아름다운 세상천지로 가꾸고 싶었던 것이다. 문장에서 가정법을 부르면 현실과는 동떨어진 상황이 되고 현실은 반대편의 일이 되었던 것이다. 분명 댈 물이 없다는 북녘 땅 꽃밭에는 제아무리 믿음이 우뚝해도 손 놓고 바라볼 수밖에 없다는 점에서 시인의 안타까움이 커져버렸다.

작품에서 읽은 꽃의 빛깔이 색동옷처럼 화려한 것은 "내 마음 넘어간 다음 화려하게 꽃피우던/영롱한 내 영혼의 물" 이 그 같았기 때문이다. 박래흥 시인의 이번 작품집을 관류하는 시정신이랄까, 시적 정체성은 그리움을 밑자리에 깔고 신앙적 확신을 보여주는 데까지 나아간 작품들이었다.

그 꽃 생각

고아도 파도소리에 동백꽃은 홀로 피고
유달산 산사에는 감은 눈이 초롱초롱
뭇별이 빛난다 하랴 입을 맞춘 첫사랑아

이른 봄 백목련이 꽃봉오릴 내밀쯤
숫처녀 젖가슴도
몽실몽실 부풀겠다
펑펑펑
터트린 웃음 쌓아올린 내 영혼은

어느 화가 붓끝이 키우다 만 난초 한 촉
내 가슴에 옮겨 놓고
흐북하게 물을 주니
봄마다 벙근 꽃술이 황홀경에 빠지데

꽃마다 형형색색 인생도 각양각색
명자꽃, 백목련꽃, 동백꽃, 금잔화도
못 이룬 사랑이 그리워 피고지고 한다했지.

꽃들에게도 우리 인간들처럼 사랑의 방식이 있을까. 이 작품은 그 모양과 색깔의 다양함만큼 여러 형태와 빛깔의 사랑을 노래하고 있다. '고아도 파도소리' 에서 피어난 〈그 꽃 생각〉은 동백꽃에서 아이의 표정 같은 눈이 초롱초롱한 유달산 산사가 등장하고 뭇별이 빛나는 첫사랑의 접촉을 읽게 한다.

작품의 무대는 "이른 봄 백목련이 꽃봉오릴 내밀쯤"으로 옮겨간다. 그리고는 "펑펑펑/터트린 웃음 쌓아올린 내 영혼"과의 대칭으로 '몽실몽실'한 숫처녀의 부푼 젖가슴을 내보이면서 이 작품은 싱그러움을 한껏 연출한다. 박래흥 시인의 내적 풍경이 이쯤 멋스럽다는 얘기다. 그러면서 "내 가슴에 옮겨 놓고/흐북하게 물을 주니/봄마다 벙근 꽃술이 황홀경에 빠지" 더라더니 "어느 화가 붓끝이 키우다 만 난초 한 촉" 도 백목련이 내민 꽃봉오리에 맞설만하다는 빵빵한 느낌을 선사한다. 백목련이나 '난 한 촉' 은 시인의 가슴으로 옮겨와서 황홀경에 빠뜨릴 만큼의 빛깔과 형자形姿를 뽐냈을 터이다.

〈그 꽃 생각〉을 읽으면서 새삼스럽게도 박래흥 시인이 믿음을 깔아두고 펑펑펑 웃음을 터트리면서 가슴에는 흐북히 물을 주며 세상을 아름답게 가꾸고 채색해가는 한 사람의 시인임을 읽는다. 필자는 평소에 중국문학사의 대표 평론가인 김성탄이나 서양의 낭만주의 시인인 쉘리의 생각을 빌려서 시인을 창조주 다음 가는 존재로 이야기해오곤 한다. 그리고 이 작품에서도 난초 한 촉을 그리다 만 '어느 화가의 붓끝'은 바로 창조주의 손끝으로 읽어도 좋겠고 창조주가 세상 만물을 지을 때 부족했던 부분을 보충하는 존재가 시인인 것을 논거 삼을만한 작품으로 〈그 꽃 생각〉을 읽었음이다.

〈그 꽃 생각〉은 새삼스럽게도 꽃마다 인생마다 형형색색이고 각양각색인 것을 깨우쳐 준다. 예컨대 "명자꽃, 백목련꽃, 동백꽃, 금잔화" 등속이 피고 지는 현상을 보며 " 못 이룬 사랑이 그리워"라 하였으니 이 대목에서도 우리는 '사랑'과 '그리움'이라는 두 개의 세계를 한꺼번에 읽은 셈이다. 그러니까 꽃이 피는 현상은 사람이 이 세상에 왔다가는 현상에 진배없을 것이며 그 과정에서 '그리움' 이라는 에너지 없이 어찌 인생이라는 열차가 또 다른 시간을 향하여 달려갈 수 있겠는가를 생각게 한다. 〈그 꽃 생각〉의 수월성秀越性은 이쯤으로도 충분하다.

어머니의 국밥

산밭에서 참깨 털다 자취한 아들 생각
공원 앞 돼지국밥을 한 그릇만 시켜놓고
아들아
난 먹고 왔다 어서 빨리 먹어라

육남매 무게만큼
허리는 크게 휘어
못 삼킨 눈물만이
배부르게 고이는데
고픈 배
자식 걱정에
날이 새는 어머니

심은 대로 거둔 일상 깨 한 톨을 아낀 근검

힘들고 허기진 삶 허허로이 맞이하며

한 평생 일개미처럼 땅만 파고 사셨다네.

위의 작품을 읽고 있노라면 "산밭에서 참깨 털다 자취하는 아들 생각"에 상광上光한 어머니가 아들이 좋아하는 "공원 앞 돼지국밥을" 그것도 "한 그릇만 시켜놓고" 자신은 먹고 왔다며 아들에게만 권하는 모습이 눈에 보이는 듯하다. "육남매 무게만큼" 허리가 휘인 어머니는 눈물만 삼키고도 배가 부를 만큼 낮은 자리만을 골라가며 자식들의 이 걱정 저 걱정에 편한 날이 없었다. 근면과 근검에다 헌신과 희생만을 보탠 아이콘이 바로 어머니인 것은 인류의 역사가 고스란히 동의하는 일이다. 지난 세월의 허기진 삶은 힘들기만 했다. 그래도 어머니는 인내하고 관용하고 헌신하면서 가정의 대소사를 일으키고 인류의 오늘을 만들어왔다. 어머니의 감내와 헌신이 없었다면 어찌 이 지상의 역사가 오늘처럼 만들어졌을까.

시간의 서사성이 고스란히 읽히는 이 작품에서 내 자신의 지난날이 주마등처럼 스쳐지나가는 것을 느꼈다. 정말로 우리네 유년은 배부른 세월이 그리도 그립기만 한 하나의 유토피아였다. 흔히들 "등 다숩고 배부른 세상" 을 정치의 이상으로 칭송하던 때의 일들은 요즘 사람들의 생각에는 감히 상상도 못할 일이었다. 그런 의미에서 어머니는 종족과 시대를 초월하는 존재이며 우리들의 마음속에 종교처럼 거룩한 정신세계를 떠받히고 있다. 그래서 일평생을 땅만 파며 일개미처럼 살아오신 어머니라는 존재성은 지상의 시간이 존재하는 한 영원하리라는 생각이다. 그리고 이는 비단 필자만의 생각일지 모르겠는데 우리 시대의 어머니는 하나같이 낭자머리를 하셨었다. 그 어머니와 요즘 파마머리 어머니와는 그 구분이 확연하다는 생각이 들만큼 우리들의 어머니는 위대했었다.

***돼지국밥 한 그릇에 종교보다 거룩한 사랑이**

필자는 위의 작품에서 읽은 돼지국밥 한 그릇의 무게감은 새삼 얼얼한 뒷 느낌으로 다가온다. 당신은 뒷전에서 굶는 일도 많았건만 달라는 대로 먹여주고 채워주시던 든든한 배경을 소유하며 성장한 우리들이니 어찌 행복하지 않았겠는가. 그런 의미에서 〈어머니의 국밥〉은 남다른 감회의 시간을 계속해서 지어낼 것 같다.

내 고향

황룡강 눕혀 놓고 어등산이 들썩들썩
은근 살짝 살구꽃 핀 무등산이 방긋방긋
내 고향
곰실 마을은 무릉도원 빛고을

먼 조상 자자손손 가난으로 이골 난 땅
한 많은 이 세월을 질겅질겅 씹고 씹어
온 산야
별처럼 많은 진달래에 자운영

빨주노초파남보 꿈을 찾는 나비처럼
새끼들을 매달고 고모령 넘듯이
밤기차 야반도주로 고향 등진 새마을 지도자

알밤 빠진 껍질처럼 할매들만 지키는 마을
서러운 보릿고개 추억들이 주억거려
떠나지 못하는 고향 한 잔술로 지키더이.

시인은 고백을 빌어 자신의 고향을 재미있게 노래한다. 이만한 풍류면 박래흥 시인의 언어도 엔간한 가락과 솜씨를 얻었다고 할 것이다. 황룡강과 어등산을 장기짝처럼 들썩거리는 박래흥 시인의 풍류는 이어지는 자리에 "은근 살짝 살구꽃 핀 무등산이 방긋방긋" 웃음을 채우고 살짝 꼬리를 틀어 "내 고향/ 곰실 마을은 무릉도원 빛고을"이라 자랑한다. 자랑의 단수가 높다는 생각이다.

그러나 세상은 항시 상대적인 것이어서 우리들의 고향은 먼 조상 때부터 자자손손이 가난으로 살아온 "이골 난 땅"이기도 하다. 그런 터에 너나없이 떠나온 고향을 생각하면 그 아름다움이나 간절함이 더 없이 크다. 달을 최초로 탐험한 릴 암스트롱이 달에서 지구로 향할 때 그리도 아름다운 푸른 공 덩어리가 '지구' 였다고 한다. 모두가 떠나거나 지나보면 아름답지 않은 게 없다. 그러나 그 한 많은 가난의 세월을 생각하면 산야를 뒤덮던 "진달래에 자운영"은 별처럼 많았다고 말할 밖에 없겠다. 헤아리자면 한이 없겠지만 더 이상은 살아갈 방도가 없어 "새끼들을 매달고 고모령 넘듯이" 밤기차를 타고 야반도주한 새마을 지도자의 이야기가 흉터처럼 생각되는 자리에 우리들의 아픈 '고향' 이 자리 잡고 있다.

그러나 그 다음의 고향 풍경은 더더욱 을씨년스럽다. “알밤 빠진 껍질처럼 할매들만 지키는 마을”이 오늘의 고향이다. 그래서 작품상의 표현은 더더욱 직핍하다. 젊은 사람들은 도회로 나가고 나이든 남자들은 먼저 세상을 떠나고 마을을 지키는 ‘할매’들마저 한 해가 다르게 숫자가 줄어드는 마을에 길 찾아든 시인은 한 사람의 나그네이고 “서러운 보릿고개 추억들”을 떠올리면서 ‘한 잔술’ 로 안쓰러운 실향失鄕을 달래고 있다. 물 좋고 정자 좋기는 어렵다지만 그 아름답던 낭만의 현장인 고향은 왜 그리 하루가 다르게 비어만 가는 것일까. 192,30년대의 기록에도 고향은 대책 없이 비어만 갔고 그래서 농촌의 부흥에 역할을 보태기 위해 하루 빨리 귀향해 달라는 하소연조의 호소가 신문 지면을 도배하건만 바리바리 짐을 싸서 서울로 도회지로만 이주해 갔던 것이다.

“저 푸른 초원 위에 그림 같은 집을 짓고…”의 현장은 노래 가사에나 살아있는 신기루일 뿐 현실은 많이도 아프다는 사실이다. 화자인 시인에게도 지금 이 시간의 황룡강과 어등산을 병풍 두른 무릉도원이 ‘곰실 마을’이건만 그것은 한낱 회상 속을 흐르는 그리움의 강물일 뿐 “서러운 보릿고개의 추억들이나 주억거”리는 가슴 아픈 현장이 되어버린 지 오래다. 어느 작가의 글에 현대인에게 고향은 천국 가기보다 어렵다고 실토했는데 어찌 박래흥 시인의 고향인들 예외이겠는가.

동전과 지폐

사람은 절대 돈으로 평가하지 말라
나라 지킨 이순신은 고작해야 일금 100원

이황은
이율곡보다 4,000원이 부족하다네

빙긋이 웃고 있는
만 원짜리 세종대왕
가슴에 안아보면
지하철은 구르는데
하찮다 냅다버린
10원짜리 노숙자

공원 앞은 불야성 따끈한 돼지국밥집
사줄 수 있다마는 적어서 돈이 못된
나는야 1원짜리다 둥글 납작 낮은 인생

육체는 풀잎이요 영혼은 꽃숭어리라
황금보다 값진 구원 두 손 가득 받았느니
인생은
화무십일홍 훌훌 벗고 떠나리라

동전이든 지전이든 우리의 화폐에는 역사상 훌륭한 여러 인물들이 등장한다. 바로 그 일을 가지고 박래흥 시인의 토크는 이어진다. 일단 이 작품의 첫 머리에 "사람은 절대 돈으로 평가하지 말라"를 화두로 얹었다. 그러면서 이어간 생각이 나라를 존재케 한 최고의 영웅 이순신은 고작 100원짜리에 모셔졌다는 것이다. 그러면서 "이황은/ 이율곡보다 4,000원이 부족하다"는 것으로 보아 1000원짜리에 모셔진 걸 알 수 있고 5000원짜리에는 이율곡이 모셔졌겠다. 그리고 미소 띤 세종대왕이 그려진 만 원짜리는 가슴에만 안아 봐도 지하철이 구를 만큼 가치가 있다는 것이며 10원짜리는 노숙자도 하찮 타고 냅다버린 적은 액면인데도 화자는 1원짜리처럼 "둥글 납작 낮은 인생"처럼 이리저리 굴러다닌다 하였고 그래서 불야성인 공원 앞의 따끈한 돼지국밥은 그냥 지나쳐야 할 그림의 떡이라는 것이다.

화자가 이 작품에서 준비해둔 의도는 생의 가치는 다름 아닌 화폐의 액면이 아니라 구원의 크기라는 결론을 말하고 있다. 바로 그것이 "육체는 풀잎이요 영혼은 꽃숭어리"라는 것이며 "황금보다 값진 구원 두 손 가득 받았"으니 '화무십일홍' 같은 인생은 미련두지 않고 훌훌히 떠나겠다는 인식이 이 작품이 안고 있는 주제이다. 어느 누군들 '십일홍十日紅' 같은 꽃숭어리의 시절이 없었겠는가. 돈 앞에서는 영혼도 팔아버리겠다는 게 작금의 현실이지만 그래도 돈 이상 가는 생의 큰 가치를 두 손 가득 받아야 할 구원에의 애착이 "황금보다 값진" 전제로 읽힌 셈이다.

***죽지 않는 인간의 길은 "영생을 신앙"하는 것**

화폐의 크기에서는 신사임당이 모셔진 오만 원 권이 으뜸이다. 그리고 각 단위의 화폐에 여러 인물들이 등장하지만 등장 순서와 위대함의 크기는 별무하다는 인식에다 황금보다 값진 생의 구원은 동전처럼 굴러온 세월의 행적에 따라 결정된다는 시인의 생각이 은연 중 감잡힌다.

죽음을 생각하면

죽음이란 다 같은 죽음이 아니다
부귀에 눈이 멀어 나라 팔은 을사오적

온몸을
가벼이 던진 계백, 김구, 안중근…

자살이란 다 같은 자살이 아니다
공금횡령이 들통 나 한강에 투신한 자들
나라를
위해 자결한 이준열사, 민영환…

연예인 자살하면 고상한 죽음이 되고
혁명가가 자살하면 열사가 된다하니
이것은
호박이 웃고 소도 함께 웃겠다

영생을 신앙하는 한 인간은 죽지 않는다
늘어선 산천초목이 개돼지와 무에 다르며
자살한
유다는 지옥, 자연사는 심판이라.

자연스럽게 죽음을 생각할 나이가 되었다. 그 같은 일을 아무 일도 없었던 듯 받아들이는 시간에 우리네가 지나온 역사와 세월을 되짚어보는 것은 어찌 보면 당연하다.

사람은 누구나 죽는다. 그야말로 이 지상의 수많은 일과 중에 가장 평등한 일이 죽는다는 사실임은 누구나가 동의한다. 죽음 앞에는 빈부도 계급의 유무도 인종이나 건강상의 이유도 그 모든 것이 평등하다. 그리고 그 어떤 묘안도 죽음을 피해갈 방도가 되지는 못한다. 일반적으로는 나이순으로 찾아오는 게 죽음이다. 허지만 나이 또한 그 기준이 될 수 없다는 죽음에의 인식도 만만찮게 존재하는 만큼 죽음은 늘 우리의 코앞에 다가온 불가사의의 공포인 것이다. 철학자들도 매한가지로 죽음을 두려워하는데 그 이유는 대강 네 가지이다. 그 첫째가 죽음을 말하는 사람 중에는 아무도 죽어본 사람이 없다. 둘째는 죽음은 언제 찾아올지 모른다. 셋째는 죽음 앞에서는 누구나 공평하다. 넷째는 일단 죽으면 살아 돌아온 사람이 없다 등등이다.

세상에는 수많은 종류의 죽음이 존재한다. 그러기에 화자도 "죽음이란 다 같은 죽음이 아니다"고 강조했을 것이다. 그리고 그 구체성을 "부귀에 눈이 멀어 나라 팔은 을사오적"의 의롭지 못한 죽음과 나라를 구하기 위해 자신을 초개처럼 던진 의인들을 판연히 상대화시키고 있다. 노래의 사연은 더 이어져서 "자살이란 다 같은 자살이 아니다"는 명제에다 두 개의 극단적인 예를 보태고 있다. 그러면서 "공금횡령이 들통 나 한강에 투신한 자들"의 자살과 "나라를/위해 자결한 이준열사, 민영환…" 의 죽음은 동일한 것이 아니며 연예인과 혁명가를 내세운 이들의 죽음을 '고상한 죽음'과 '열사'의 죽음으로 나누는 것은 "호박이 웃고 소도 함께 웃겠다."며 자못 통렬한 나무람을 가하고 있다.

이제 시인의 시적 의도를 읽을 차례이다. 시인이 이 작품에서 요량한 "시적 의도"는 무엇인가. 그것은 죽지 않는 인간의 길을 가려면 "영생을 신앙하"라는 것이며 이 같은 길을 가지 않을 양이면 우리 인간이 산천초목이나 개, 돼지와 무에 다를 게 있느냐며 사람들은 그 불가사의로 덮인 죽음 이후의 세상을 보장 받기 위해 종교를 만들어 신앙하고 공덕 쌓기를 권하면서 도래할 다음의 세상을 기다린다는 것이다. 박래흥 시인이 직설적으로 드러낸 스승 예수를 배반한 유다는 그 자체로 지옥의 상징이며 믿음 없는 범부들의 죽음에는 눈 번연히 뜬 심판만이 기다린다는 것이다. 죽음을 생각하면서 박래흥 시인이 우리에게 들려주고자 한 메시지는 유다 같은 죽음은 더더욱 안 될 일이며 믿음 없는 자연사로 심판받는 보통 사람들의 어리석은 죽음 위의 구원과 영생을 웅변으로 권하고 있다.

외갓집 가는 길

꼬부랑 산길 따라 단풍이 불타오르고
산 까치 까악까악 모자母子를 안내하니
돌포암 시골 마을엔 홍시가 주렁주렁

강 건너 외갓집은 가도 가도 머나먼 길
월야북교 울타리엔 손 흔드는 코스모스
하늘은 높푸르구나 영차영차 운동회

사립문 가까울 땐 모락모락 화전花煎냄새

외할배 쌈지 돈이 바야흐로 열리는 자리

주막집 눈깔사탕이 우르르 쏟아진다.

그리움은 나이를 먹지 않는다. 그리움은 변색이 없다. 더더구나 시인이란 존재는 밑천삼은 그리움으로 장사하는 사람이다. 그리움이 빈약한 사람은 어느 경우에도 시를 쓰는 일에 성공할 수가 없다. 유달리 그리움이 풍성하고 그 그리움으로 세상사를 추진시켜가는 존재가 시인이란 주제의 설정은 그리 낯선 일이 아니다. 그 같은 차원에서 그리움의 생수받이가 '외갓집'이란 사실이 한없이 우리를 달뜨게 한다. 그리움이 나이를 먹지 않는 것처럼 외갓집에의 기억이나 서정성도 나이를 먹지 않는다. 외갓집은 우리의 정감이 살아있는 한 언제나 둥지 같은 유토피아이며 흐름을 만들어 유장히 흘러갈 그리움의 생수받인 때문이다.

단풍이 불타오른 "꼬부랑 산길을 따라" 외갓집을 가고 있는 화자의 모습이 눈에 보이는 듯하다. 그 길에는 까악까악 산 까치 모자를 안내하는 모습도 보이고 "돌포암 시골 마을엔 홍시가 주렁주렁" 한 광경도 모두 보인다. 그리운 사람을 기다리는 일은 일분일초가 지루하듯 어서 빨리 가고 싶은 외갓집이니 지척 지간인 '강 건너' 마을인데도 "가도 가도 머나먼 길" 이 아닐 수 없었겠다. 그렇지, 단풍이 불타오르고 감나무에 홍시감이 주렁주렁 매달릴 무렵이면 어김없이 코스모스가 손을 흔들고 높푸른 하늘 아래 "영차영차 대운동회" 가 볼만했었지. 그 시절의 우리는 여름 내내 그리도 물려있던 보리밥에서 햅쌀로 지은 쌀밥을 배부르게 먹을 수 있고 논물을 빼다가 잡은 새우로는 토하젓을 담고 미꾸라지로는 추어탕을 끓여 가을 식단은 풍성하기만 했었다. 그랬으니 외손주 기다리면서 모락모락 지져내는 화전냄새들 동구 밖 멀리까지 마중 나오지 않았겠는가. 그립도다. 이제는 그 시절의 외갓집 문화는 우리들 기억 속에서나 남아있는 청라언덕일 뿐이다.

오월吳越 냉장고

첫사랑처럼 산뜻한 만남 달콤한 매화주와
사랑 담근 국화 매실 당신의 가향주가
냉장고 한기를 견디며 서로 안고 숙성한다

백두산 들쭉술과 무등산의 막걸리가
이념의 대립을 헐고 한 형제로 몸 섞던 날
냉장고 고요한 새벽이 평화의 어항일세

매화주를 마시면 태종대가 요동치고
국화주 잔에 따르면 고아도가 달려와서
호랑이 발톱을 들어 한반도는 포효한다

철 지난 지역감정에 요통 같은 철조망도
서로가 서로를 만나 화합하면 희망인데
통한의 들쭉술 한 잔 막걸리와 마시나니

내 삶의 이념 따위가 독버섯처럼 키 자라면
미움은 뽑아내고 사랑만을 가꾸어서
냉장고 가득한 평화가 방실방실 숙성될라.

작품의 제목이 〈오월吳越 냉장고〉이다. 오월동주는 오나라 사람과 월나라 사람이 같은 배를 탔다는 말로 적대관계에 있는 사람끼리 이해 때문에 뭉치는 경우를 비유적으로 이른다. 이 작품에서 '오월동주' 가 무얼 의미하는 지는 설명조차 새삼스럽다. 우리는 한 핏줄의 민족이면서 남북이 철사울타리를 치고 분단의 아픈 역사에 묶인 지도 65년을 헤아린다. 그것을 박래흥 시인이 냉장고에 넣어둔 두 종류의 술을 혼합주로 마시면서 절묘하게도 우리네 분단을 허무는 특효약으로 노래한다.

냉장고는 북극의 일기처럼 한기만 채워둔 의도된 공간이다. 그 한기의 세계에서도 서로 다른 두 종류의 술이 함께 숙성이 되어 서로가 서로를 향한 화합의 아이콘으로 표현되고 있다. 이 작품을 읽으면서 내 친구 박래흥 시인을 문득 남북의 평화사절로 앞세웠으면 어떨까 생각하면서 그 동안 작정하고 마신 술의 세월이 이리 기발한 생각을 빚을 줄이야. 서로가 서로의 비좁은 눈으로만 보고 다가간다면 '상대방'만을 탓하는 볼썽사나운 역사만을 이어갈 뿐 어찌 이 같은 생각에 다다를 수 있었겠는가.

'오월동주'같은 우리네의 아픈 역사, 잘린 핏줄에의 질곡이 얼마나 쓰리고 아픈지는 헤아리지도 않은 채 그저 서로의 가슴만을 겨냥한 모순의 역사를 우리는 언제까지 구경꾼처럼 바라보기만 할 것인가.

병법서 '손자병법'에서 저자 손무孫武는 실제로 전쟁에 나가 병법 조항들을 입증해 보임으로써 책이나 사람이나 그 명성이 더더욱 높아졌다. 병서에 이르되 "…예전부터 사이가 나쁜 오나라 사람과 월나라 사람이 한배를 타고(오월동주吳越同舟) 강을 건넌다고 치자. 이 배가 강 한복판에 이르렀을 때 갑자기 강풍이 불어 뒤집히려 한다면 그들은 평소의 적개심을 접고 서로가 왼손과 오른손이 되어 필사적으로 도울 것이다. 바로 이것이다. 전차를 끄는 말들을 서로 붙들어 매고 차바퀴를 땅에 묻고서 적에 대항하려고 해봤자 그것이 마지막 의지가 되지는 않는다. 그 의지는 오로지 죽을 각오로 똘똘 뭉친 병사들의 마음이다."

사실 여기에 오기까지 손자병법은 아홉 가지의 싸움에서 '사지死地'에 대해서만 소개한다. 나아갈 수도 물러설 수도 없는 진퇴유곡의 지경에선 병사들만 필사적으로 싸우기 마련인데 이때 머리를 때리면 꼬리가 날아오고 꼬리를 치면 머리와 꼬리가 한꺼번에 덤벼드는 것처럼 힘을 하나로 합치는 전술의 활용이 중요하다는 의미의 용병술에서 "상산常山에 서식하는 '솔연率然' 이란 큰 뱀의 몸놀림을 적시하며 든 예였던 것이다.

화합은 언제든 어디서든 생의 일상적 전략이 되기에 충분하다. 그런 때문에 혼합주의 전법이 더 없이 특효하다는 이 작품의 창작 의도를 읽으면서 방실방실 숙성되고 있는 "냉장고 가득한 평화" 를 읽는다. 그 동안 우리는 메뚜기 이마빡보다 작은 국토 안에서 사분오열 나뉘고 찢겼다. "백두산 들쭉술과 무등산의 막걸리가" "대립을 헐고 한 형제로 몸 섞던 날" 은 우리는 진정 하나 되는 날이다. 화합은 희망이다. 화합은 서로가 서로를 묶는 동아줄이다. 어찌 화합 앞에서 "철 지난 지역감정에 요통 같은 철조망" 이 존재하랴. "태종대가 요동치고" "고아도가 달려와서" "호랑이 발톱을 들어" 포효하는 한반도를 진정 보고 싶다면 어절씨구 우리는 하나 된 광장에서 "미움은 뽑아내고 사랑만을 가꾸며 손에 손 잡은 칠천만이 아리랑을 불러야 한다. 〈오월吳越 냉장고〉에 가득가득한 평화의 새벽을 위해!

남남북녀南男北女

너에게 나의 무슨 말을 어찌 하여야
나를 믿고 따르며 얼마나 더 울어야
분단의
슬픔을 넘어 부모형제 만날 건가!

사랑사랑 하나 되어 얼싸안고 춤을 추면
잃어버린 사랑도 넝쿨째 달려 나와
손잡은 접속격 조사로 너랑 나랑은 하나야

백목련 순결한 사랑이 온 산야를 벙글어도
핏줄은 막아놓고 그리움만 키운 세월
말 못한 서로의 가슴을 포개보니 꽃밭이야

만나서 웃어보자 금강산아 한강수야
나와 너 잔말 말고 죽기 전에 어서 빨리
자! 이젠, 하나 된 첫사랑 얼싸안자 남남북녀.

흔히 하는 말에 남녘은 남자가 더 준수하고 북녘에는 여자가 더 아름답다 할 때 '남남북녀' 란 말을 쓴다. 실지로도 우리네 배달겨레는 남북이 구분 없이 형상이나 두뇌가 두루 빼어나다는 평가를 받는다. 세계적으로 내로라하는 미래학자들도 너나없이 한국인들의 우수성을 입을 모아 칭찬한다. 그러면서 미래의 지구는 한국인들의 구상과 운행대로 굴러가리라는 예언들을 심심찮게 내놓고 있고 이들이 우리만의 희망사항이 아닌 엄연한 현실로 입증되고 있다.

* '남남북녀南男北女'로 환치된 '핏줄과 그리움'

그 한 예로 2000년대 초 주한미국상공회소 회장을 지낸 제프리 존스를 들 수 있다. 지한知韓인사에다 한국을 사랑해서 한국여자와 결혼도 한 그는 자신의 저서 『나는 한국인이 두렵다』에서 여러 요인을 분석하고서 2025년이 되면 한국이 미국을 앞지르는 국가가 될 것을 예언한다. 아다시피 미국은 목하 지구촌 최고의 나라이다. 그가 한국을 두고 미국을 앞지른다는 말은 그때가 되면 한국이 세계 최고의 나라가 된다는 말을 우회적으로 표현한 말이다.

사실은 이 말을 하자고 여기까지 온 것은 아닌데 박래흥 시인의 시적 생각이 남북분단을 허물고 하나 된 자리를 만들어 우리 함께 잘난 민족으로 만나자는 메시지를 '남남북녀'에서 읽은 때문이다. 이 작품에는 또 다른 '남남북녀'로 환치할만한 시어들이 여럿 있다. '너와 나', '부모형제', '사랑사랑 하나 되어', '핏줄과 그리움', '금강산아 한강수야' 등등인데 이들은 순수 민족주의적 발상에서 빚어진 친화력 넘치는 표현들이라 할 수 있다.

그대를 기다리며

그대여! 오너라 어서 빨리 오너라
네가 와야 곡물 심어 이 겨레가 살 수 있다
위정자 국정농단이 밉고 또 미운 마당에

그대여! 오너라 어서 빨리 오너라

천지간에 슬픔은 없는 듯이 행복하다
사랑이 미울 리 있나 숙아 빨리 오너라

그대여! 달려오라 어서 빨리 오너라
네가 와야 이산 저산 슬픔은 지워지고
분단의 아픈 나라가 품을 열고 웃으리라.

이 작품을 읽으면서 단박에 시인 네 사람의 작품을 떠올렸다. 먼저 박두진 시인의 〈너는 오너라〉인데 조국광복 직후의 상황을 노래한 이 작품은 동일 시구를 반복적으로 사용하면서 화자의 의지를 강조하는 염원의 표출이 〈그대를 기다리며〉의 발상과 겹친다고 하겠다. 두 번째는 갈망하며 부르는 '그대'를 통해 절규하듯이 '가라' '가라'를 거듭 외치며 "그리하여 … 이곳에선 두 가슴과 그곳까지 내 논 /아사달과 아사녀가 /中立의 초례청 앞에 서서 /부끄럼 빛내며 /맞절할지니…"하던 신동엽 시인의 〈껍데기는 가라〉가 인상적으로 꽂힌다. 그리고 세 번째는 이 작품 속의 '네' 또는 '그대'가 나다니엘 호손의 〈큰 바위 얼굴〉에 등장하는 어니스트라는 주인공 소년 같은 이야기로 인식되고 마지막에 가서 풀리는 갈등구조를 읽을 수 있다. 네 번째는 한용운 시인이 88편에 '님'이라는 단일 주제를 담은 『님의 침묵』에서 그리도 애타게 부르며 기다리던 '님'의 존재가 일관되게 다가오는 부분이다. 물론 〈그대를 기다리며〉는 어떤 작품과는 어조상으로 어떤 작품과는 작품 구성상의 특질들이 겹쳐서 읽힌다는 점에서 이 작품이 다양한 여러 모습으로 다가왔다는 의미이다.

'그대'를 어서 빨리 오라고 갈급하게 부르던 화자는 '네'의 존재를 갈등국면을 넘어서 드러낸다. 그러면서 "이산 저산 슬픔은 지워지고 /분단의 아픈 나라가 품을 열고 웃"을 수 있게 "그대여! 오너라 어서 빨리 오너라"를 절규하듯이 반복적으로 외치고 있다. 도대체 '너'로 호칭되는 '그대'는 어떤 능력의 소유자이길래 '어서 빨리' 와야 이 겨레가 곡물을 심어 잘 살 수 있고 "천지간에 슬픔은 없는 듯이 행복"해진다고 했을까. 이어지는 제3연의 첫 행에서는 앞의 1,2연을 강조하는 의미를 담아서 빨리 '달려오라'고 주문한다. 그 주문의 뒷자리에 '너의 도래'가 놓여있고 "이산 저산 슬픔은 지워지고" 분단의 아픈 나라가 품을 열고 웃는다는 매우 밝은 메시지를 보여주기에 이른다.

이 자리에서 화자가 기다리는 '그대'는 한용운 시인의 '님'처럼 조국일 수도 불타일 수도 연인일 수도 있는, 하비콕스의 설명대로라면 '궁극적 관심'에 다다른 절대적 대상이 아닐까.

흰나비

질곡의 산골짜기 숨어사는
백도라지
은은한 향기로 촉수마다 불을 켜고

오늘도
지친 날개 짓 이산 저산 훨훨 훨.

본 평설의 마무리에 왔다. 단시조로 쓰여진 〈흰나비〉를 읽으면서 이 글을 접으려 한다. 남북분단에 대한 여러 걱정들, 풍경을 노래하고 살피면서 떠올린 이런저런 생각들, 그러나 그가 정작 작품에 담아내려 한 많은 작품들은 기도형식의 신앙시들이었다. 직접 성경을 인용하고 절대자에 대한 화자 자신의 신심信心을 노래한 작품들은 가급적 다루지 않았다. 이유는 이 부분에는 필자의 무지도 한 몫 거들지만 그보다는 그들 작품은 특별한 독법이 없어도 이해에 이르도록 창작되었기 때문이고 박래흥 시인의 시적 관심이 드러나게 신심에 도달한 것은 "믿음을 통한 영생"에 연유하고 있음이다. 또한 시인 자신의 생각이 신 앞에서 자신을 내세우고 의지할 만큼 깊어지고 맑아졌다는 의미이기도 하다.

그런 때문인가, 무엇인가를 찾아 날으는 흰 나비의 지친 날갯짓이 천지사방을 채울 만큼 광활하고 자유롭다. 작품 속의 흰나비가 사는 곳은 '질곡의 산골짜기'이다. 그런데 "은은한 향기를 풀어 촉수마다 불을" 켠 백도라지가 '이산 저산'을 훨훨 훨 나는 흰나비의 모습으로 바뀔 때 화자인 시인의 투사投射가 이 작품집 전체를 장식하는 실루엣처럼 자못 멋스럽게 펄럭인다. 백도라지 은은한 향기가 촉수마다 불을 켰다든지 향기로 불 켠 산천경개를 날개가 지칠 때까지 "훨훨 훨" 나는 흰나비의 모습은 해석 여하에 따라 여러 의미로도 음미할 수 있겠다.
가깝게 살피지는 못하지만 잊히지 않는 작품들이 여러 편 있다.

"채송화 맨드라미 손짓하던 예쁜 것들/황홀한 입맞춤으로 피어나리라 그리움" 이라던 〈그리움 1〉, "추억을 투망질하면 만송이 장미다발" 이라는 〈초승달〉, "화가 난 서해바다의 태산 같은 파도들이/바다의 등솔기 타고 첫사랑을 빰 '친다는 〈대천, 무창포〉, " 문짝에 맞는 나사못 길바닥이 주워 줘서/제 짝은 따로 있었어 박아보니 안성맞춤 "이라던 〈나사못〉 등등은 저마다 흥미로운 이야기를 담아내면서 작품적 성공에 다가선 것들이다.

시조는 전통성을 담보한 형식의 문학이다. 그러기에 시조시는 자유시의 창작보다 제약이 큰 것이 사실이며 마땅한 표현이 떠올라도 담아내지 못하는 창작적 한계가 도처에서 도사리고 있다. 그리고 이렇다고 말하기는 애매하지만 시조시는 분명 시조만의 맛과 멋을 담보한 부분이 있다. 결과 자유시에서 성과를 낸 시인도 시조 쪽으로의 방향선회는 이에 따른 또 다른 시간과 노역이 필요하다는 것인데 박래흥 시인은 이 부분을 거뜬히 넘어서 앞에서의 논의처럼 괄목상대의 성과를 보였다

***묘망한 그리움으로 인간구원人間救援을 노래하다**

박래흥 시인의 시조집 『미움 넘어 그리움』은 특징적으로는 우리네 생生의 으뜸 가치인 '구원'의 문제를 집념 있게 일군 종교문학의 한 모습을 읽을 수 있었다. 그리고 이 같은 구원의 문제는 그리움과 갈망이라는 심정적 요청에서 비롯된 신심信心의 결과물이며 두루 '사랑'이라는 절대정신이 작품의 바탕을 이루고 있었다. 박래흥 시인의 창작적으로 도달한 이 같은 성과는 접근하는 방법이나 통로가 다양했고 이만큼에 다다르고 결실되기까지는 그가 작품에 담아낸 인식론적 표현이 그 같았다는 말에 진배없겠다.

미당 서정주 시인의 명문장 「침향」을 음미하면서 이 글을 마무리 삼으려 한다.

"침향을 만들려는 이들은, 산골 물이 바다를 만나러 흘러내려

가다가 바로 따악 그 바닷물과 만나는 언저리에 굵직굵직한 참나무 토막들을 잠가 넣어둡니다. 침향은, 물론 꽤 오랜 세월이 지난 뒤에, 이 잠근 참나무 토막들을 다시 건져 말려서 빠개어 쓰는 겁니다만, 아무리 짧아도 2,3백년은 수저水底에 가라앉아 있은 것이어야 향내가 제대로 나기 비롯한다 합니다. 천년쯤씩 잠긴 것은 냄새가 더욱 좋굽시오. 그러니, 질마재 사람들이 침향을 만들려고 참나무 토막들을 하나씩 하나씩 들어내다가 육수陸水와 조류潮流가 합수合水치는 속에 집어넣고 있는 것은 자기들이나 자기들 아들딸년이나 손자손녀들이 건져서 쓰려는 게 아니고, 훨씬 더 먼 미래의 누군지 눈에 보이지도 않는 후대後代들을 위해섭니다. 그래서 이것을 넣는 이와 꺼내 쓰는 사람 사이의 수백 수천 년은 이 침향 내음새 꼬옥 그대로 바짝 가까이 그리운 것일 뿐, 따분할 것도, 아득할 것도, 너절할 것도, 허전할 것도 없습니다."

위의 문장에서 우리는 수백 년이나 천 년을 제 몸 다지기로 생존한 '시조'를 생각할 수 있다. 시조는 우리 조상들이 터득한 운율에다 언어적 감동을 담아내는 장르이다. 그리 보면 시조는 이제 '침향'의 향기를 보다 광범하게 발산하는 문자행위임을 논의할 수 있겠다. 여기에서 "합수合水치는 속에 침목을 집어넣"는 이는 다름 아닌 시인일 것이요 제대로 향내가 나는 침목을 '꺼내 쓰는 사람' 은 시조를 읽는 독자일 것이다. 벌써 500년도 더 지난 시인 황진이의 작품들이 지금 이 시간에도 낡지 않는 감동으로 읽히는 것은 바로 그의 시작품에 스민 침목의 깊은 향내가 작용한 때문이다. 이처럼 더 먼 미래에 누군지도 보이지 않는 후대들은 '제대로 향내가 나는' 언어로 창작을 한 시인에게 한 사람의 언어제작자로서 얼마나 행복했을까를 생각하리라. 면대하듯 당대에 자신이 쓴 작품들로 이런 저런 평가가 뒤따르는 것도 좋은 일이다. 허지만 그보다 중요한 것은 바로 "따분할 것도, 아득할 것도, 너절할 것도, 허전할 것도 없"는 느긋함으로 오래오래 읽히는 진한 그리움의 시조 한 편을 남길 수 있다면 시인에게 그보다 더 간요하고 영광된 일이 있겠는가를 생각하는 것이다. 그런 의미에서 박래흥 시인의 시조작품들은 우리의 가슴에 이랑이랑 파랑처럼 물결쳐간 인간 구원에의 작품들이 많았음을 고백처럼 들려주고 싶다.

겸손의 미덕

온 누리에 축복과 소망의 서광이 가득 찬 대망의 기사년 새봄을 맞이하여, 학문의 전당인 이곳 유은동산을 떠나 새로운 세계로 항해하기 위해 닻을 올리는 졸업생 여러분은 마치 민들레가 백색관모를 쓰고 가을 대지를 향해 새로운 세상으로 원정을 떠나듯이 힘차게 봄빛이 충만한 삶의 지평을 열고 있는 엄숙한 시점에 서 있습니다.

졸업생 여러분!

오늘의 졸업은 새로운 인생수업의 시작이며 사회적 삶의 새 출발이기도 합니다. 이 출발점에 서서 앞으로 나는 무엇을 하며 어떻게 살 것인가를 고민하는 귀중한 시간을 갖게 되었습니다. 여러분을 맞아들이는 사회는 합리화와 자율화를 통해 새로운 가치를 창조해 낼 수 있는 유능한 인간, 생산적으로 성숙한 인간을 기다리고 있습니다. 그러나 성숙사회의 일원이 되기 위해서는 우직할 만큼 성실한, 인간적 신뢰를 바탕으로 섣불리 세속적 성공을 탐하기 보다는 먼저 인생으로서의 성공을 착실하게 추구해야 하겠습니다. 또한 성실은 적극적 실천윤리이며 도덕적 진실성입니다. 세상을 살아가는 데는 지혜보다는 성실이 요령보다는 진실이 더 필요합니다.

우리사회는 윤리관과 가치관의 혼란이 계속되어 왔습니다. 참다운 지성이 통용되기 보다는 요령과 기교 그리고 독단의 횡행이 비일비재였습니다. 이는 오늘날 현대사회가 고도 경제성장을 이루면서 전문기술을 전수하는데 급급하여 인성교육을 소홀이 하였고 임무수행에 성실하지 못했기 때문입니다.

학생 여러분!

「역경」에 "겸손의 덕을 가지고 있으면 어디를 가나 만사가 형통하고 끝을 잘 맺게 된다."(謙虛君子有終)라고 밝혔습니다.
「누가복음」에 "너는 초대를 받거든 맨 끝자리에 내려앉아라. 그러면 너를 초대한 사람이 '저 윗자리로 올라가게' 할 것이다. 다른 손님들의 눈에도 당신은 영예롭게 보일 것이다. 누구든지 자기를 높이는 사람은 낮아지고 자기를 낮추는 사람은 높아질 것이다" 라고 예수님도 윗자리를 차지하려는 손님들에게 겸손하기를 가르쳤습니다.

춘추전국시대 노나라에 맹지반이란 장수는 싸움터에선 늘 앞장서서 달렸지만 퇴각할 때는 언제나 뒤처져갔다. 달아날 때 재빨라야 목숨을 건진다는 걸 알면서도 그는 패전군의 뒤처리를 하며 동료들을 위해 늑장을 부렸습니다. 그런데도 맹지반의 용기와 겸손을 아울러 찬양했습니다.

끝으로 품위 있는 광주여상고의 졸업생 여러분의 희망찬 새 출발을 다시 한 번 축하하고 인생행로에서 하늘을 우러러 보아 부끄럼이 없는 항상 잠들지 않고 깨어 있는 민족지성의 횃불로 훨훨 타오르기를 기원합니다.

자신의 길을 찾아서

계절 따라 백목련, 개나리, 장미 쏟아져 피어난 교정에서 발목이 시도록 뛰어놀던 아름다운 추억들을 가슴 깊이 간직한 채 이젠 각각자기의 길을 힘차게 떠나야 할 시절입니다. 학교에서 배운 지식을 바탕으로 사화에 나아가 새로운 진리와 아름다움을 창조하여 인류역사에 찬란한 꽃을 피울 첫 출발입니다. 품위 높은 광주여상 여러분은 자기의 길을 올바른 판단으로 잘 선택하여야 하고, 한번 선택한 자기의 길은 힘차게 개척하여 목적지에 도달하여야 합니다.

길에는 눈에 보이는 길과 보이지 않는 마음의 길이 있습니다. 오랑캐꽃 옹기종기 모여 핀 들길은 정서가 넘치는 길이요, 송화가루 날리며 바위고개 넘어가는 황톳길은 남도의 눈물이 서린 길이요, 북녘을 향해 쭉쭉 뻗은 길은 남북의 통일을 염원하는 통일로입니다. 길은 개개인 삶의 의미와도 같기 때문에 동시에 여러 길을 갈 수는 없습니다. 일제치하의 오적은 부귀영화를 누렸지만, 개인의 이익과 행복을 버리고 강렬히 투쟁했던 독립 운동가들의 피는 조국의 자주독립을 향한 참된 의지의 길을 밝혔습니다. 서산대사의 오언절구에 이런 글이 있습니다. '답설야중거踏雪野中去 불수호란행不須胡亂行 금일아행적今日我行蹟 수작후인정遂作後人程' (눈에 쌓인 들판을 걸어 갈 때라도, 어지럽게 걷지 말자. 지금 내가 걷고 가는 발자국이 다음에 오는 사람에겐 길이 되느니라.) 이 글에는 선구자적 개척정신과 오늘에 충실하고 후세대에게 모범적이며 횃불과 같아야 한다는 뜻도 있으리라 믿습니다.

인류 역사의 개전은 고답적으로 답습해 온 획일주의에 있는 것이 아니라 곤란, 억압, 불의에 과감히 반항하고 도전하는 창조적 개척정신에 의거했기 때문입니다. 젊은이의 반항과 도전이 없다면 역사는 변절되고 현실은 외곡 될 것이며, 생활은 無事安逸한 풍토로 조성될 것입니다. 중국 조량의 말에 "시비를 가리지 않고 덮어 놓고 복종하고 아첨하는 천 명의 신하보다 임금님의 잘못을 과감히 지적해서 충고하는 한 명의 신하가 낫다."는 말이 있습니다. 오늘날 더욱 이런 참된 용기가 필요할 때입니다. 어두운 사회의 부조리를 타파하는 길은 올바른 주체성과 국가관으로 현실에 적극 참여해야 합니다. 그리고 위선적인 행동이나 달콤한 말보다 진실 된 행동과 아름다운 생활을 사랑해야 합니다.

물질문명의 발달과 배금주의 사상으로 인간 존엄성과 주체성을 상실한 채 일시적인 쾌락과 행복만을 추구하는 젊은이들은 많습니다. 긍지 높은 광주여상 여러분은 인류의 행복과 평화를 위해 봉사하고 희생도 감수할 수 있는 종교적인 신념과 도덕적인 이념을 갖도록 노력합시다. 폴란드 신부 콜베는 2차 대전 중 아우슈비츠 수용소에서 가족을 걱정하는 딱한 동포의 죽음을 대신했고, 중국의 선교사 오봉은 무수한 생명을 희생시켜 제사지내는 대만 아리산 토인의 악습을 교화시키기 위해 귀중한 자신의 목을 자르도록 했습니다.

끝으로 노자는 "지자불언知者不言이요, 언자부지言者不知"라 말했습니다. 지식인은 지식인이 아닌 사람을 무식하다고 업신여깁니다. 꼭 필요한 의미 있는 말은 용기 있게 못하면서 불필요하고 자잘한 험담은 곧 잘하는 경솔한 사람은 인간의 존엄성을 무시하고 겸허하지 못하기 때문입니다. 뉴턴의 '만유인력' 발견을 과학자들이 칭찬했을 때, 뉴턴은 바닷가의 많은 조개껍질 중에서 하나를 줍는 것에 불과하다고 겸손해 했습니다. 공자님의 '三人行必有我師'란 말은 인간의 존엄성과 겸손을 강조한 말입니다. 교양 높은 광주여상 여러분은 겸손한 자세로 행복할 때에는 불행에 대비하는 지혜를 갖고 불행할 때에는 행복을 참고 기다리는 여유를 배우며 마음씨와 말씨를 맵씨와 솜씨를 아름답게 가꾸며 자기의 길을 힘차게 걸어가야 할 때입니다. 건강한 몸으로 자부심을 갖고 모교의 빛나는 전통을 이어받아 금수강산의 골짜기마다 여러분의 격조 높은 정신 지혜를 뿌려 새 역사 창조의 영원한 별이 되기를 기원합니다.

5부

『봄꽃따라 임에게』 제3시집

코스모스

한 잎 두 잎
가을 하늘 끌어안고 입 맞추는
유혹의 형형색색 거룩한 작은 우주
삼천리
금수강산에 코스모스 오색물결

대동강을 건너서 백두산 향해가는
통일의 오색 깃발 한잔 술로 이념 풀고
꽃밭에
누우니 꽃들은 술 냄새다 아우성

여성은 21세기의 꽃

21세기는 세계화, 지식과 문화의 시대, 창의와 경쟁의 시대이고 경쟁은 인간의 본능이며 발전의 원동력이다. 과학문명의 발달로 인해 기계화가 되어 편리한 면도 있었지만 가장 중요한 '인간성 상실의 시대' 라는 오늘에 대한 평가도 있었다. 왜 우리는 이 같은 부끄러운 지적을 받게 됐을까, 과학기술을 이용하는 방법은 급히 배웠으나, 과학기술을 하나의 문화로 습득하지 못한 것이 바로 우리가 안고 있는 문제라는 지적이 있다. 서구의 합리성은 바로 과학기술이 하나의 문화로 자리 잡은 반면 우리는 과학 기술을 경제 성장을 위한 도구, 시장경제 원리의 도구 정도로만 이용하였기 때문이다

정치적 기본권의 쟁취로부터 고용의 평등권 확보, 가정, 직장, 사회에서 갖가지 성적 차별과 부당한 대우의 철폐에 이르기까지 여성의 권익 신장을 위한 눈물겨운 투쟁과 희생이 없었다면 오늘과 같은 여성의 지위는 기대하기 어려웠을 것입니다.

새로운 21세기는 '여성의 세기' 라는 말이 나올 정도로 여성의 파워가 거셉니다. 핀란드에서는 최초 여성대통령이 당선되고, 우리 사회에선 경찰대학과 사관학교의 문호가 여성에게도 활짝 개방돼 수석입학은 물론 최초의 생도 대장이 탄생했습니다. 그러나 여성을 바라보는 기존의 고루한 사상은 급변하는 21

세기에 최첨단 정보와 문명사회에서도 뿌리깊이 잔존하여 기초하고 있습니다. 구성원의 의식이 변하지 않고는 어떠한 사회변화 어떠한 사회의 발전도 기대할 수가 없습니다. 우선 여성 자신이 스스로의 변화를 위한 노력 그것은 사회변화 못지않게 나 자신의 발전을 위해서도 중요한 것입니다.

급변하는 세사의 변화에 자신을 맡기는 것보다는 자신이 원하는 일을 찾아 열심히 하는 것이 더 중요하다고 생각합니다. 아직 자신이 무엇을 원하는지 모르겠다면 현재 자신의 위치에 충실하게 생활하면서 기다려 보십시오.

학창시절은 미래를 준비하는 시기로서, 어떠한 마음을 먹느냐 즉, 어떤 이상을 꿈꾸느냐에 따라 인생이 달라집니다. 인생의 바람직한 꿈이요. 원대한 목표이며, 간절한 소원인 이상이 없는 사람은 주어진 하루하루를 무의미하게 보낼 것이며, 이상을 가진 사람은 닥친 역경과 고난 속에서도 이를 달성하기 위한 과정으로 받아들이고 매사에 열심히 살 것입니다.

21세기는 바로 '여성의 세기' '여성이 크게 열어 가는 시대'가 되어야 합니다. 그러하기 위해서는 우리가 후세를 위해 쏟은 모든 정성만큼이나 그와 똑같은 정성을 우리 스스로에게도 기울인다면 우리 여성도 이 세상에서 못할 일이 하나도 없을 것입니다. 능력, 포용, 지혜, 창조는 곧 21세기 여성의 새로운 패러다임paradigm이 될 것입니다. 21세기를 보다 힘차게 열어 가기 위해서 우리 여성 모두는 스스로의 변화를 위한 노력을 끊임없이 경주해야 할 것입니다. 당당하고 능력 있는 여성. 그것이 진정 21세기 아름다운 여성의 모습이 아닐는지요.

창조적인 삶

오늘도 해는 또 다시 뜨고, 계절은 바뀌었습니다. 노도처럼 병인년은 가고 丁卯 年의 새해가 無等의 영봉에 힘차게 솟았습니다. 우리는 행복하게 살기 위해 창조하는 삶으로 한해를 계획할 때입니다. 공자님은 〈삼계도〉에서 "일생의 계획은 어릴 때에 있고, 일 년의 계획은 봄에 있고, 하루의 계획은 새벽에 있다"고 말했습니다. 병인년은 과연 학교생활에 있어서 얼마나 충실하였고 생활면에서는 교양이나 인격 완성 면에서 얼마나 성장되었고 부모 형제와의 관계는 얼마나 화목했는지 스스로 반성하고 미진한 부분을 丁卯年에는 보완하고 개선할 수 있도록 우리 모두 계획을 세워야 하겠습니다.

우리나라는 국내외적으로 감당하기 벅찬 어려움을 안고 있습니다. 어려운 현실을 항상 냉철하게 자각하고 판단해 보아야 합니다. 우리들은 우리가 숨 쉬며 살아가는 이 나라의 장래를 강 건너 불구경하듯 해서는 더욱 안 될 것입니다. 세상이 돌아가는 대로, 주워진 환경에만 적응하는 無事安逸한 기계처럼 살수는 없습니다. 끊임없이 자기 개선을 추구해 나가고 진리 탐구에 과감히 도전하는 철저한 정신을 갖도록 노력합시다. 나 개인이 속한 아주 작은 부분부터 올바르게 개선해 나가고 최선을 다하는 지혜를 발휘해야 하겠습니다. 남이 해주기를 기다리기에 앞서 내가 먼저 적극적으로 모순을 바로 잡는 진정한 사랑을 실천해 봅시다.

물질의 많은 소유가 행복인양 착각하는 어리석은 사람이 많습니다. 물질만능의 풍조가 인간의 존엄성과 진정한 행복을 파괴시켰습니다. 철학자 버트란트 럿셀은 "인간의 진정한 행복은 창조에 있다"라고 말했고 "내일 지구가 멸망한다 해도 오늘 나는 한 구루의 사과나무를 심겠다."라고 말한 스피노자의 말은 확고한 이상으로 최선을 다해야 한다는 창조적인 삶을 강조한 말입니다.

미국의 하버드 대학의 정문에 "모르고 행하지 않은 사람은 천치요, 알고도 행하지 않은 사람은 바보요, 알고서 행하는 사람은 천재"라고 씌어 있습니다. 여기서 안다고 하는 것은 많은 경험과 창조를 뜻하는 것이며 행한다고 하는 것은 정의를 위해 살신성인하는 참된 용기를 말합니다. 또 천재라고 하는 것은 영감이 아닌 노력과 실천을 의미하는 것입니다.

인간은 허약보다는 건강이 아름답고, 패자보다는 승자가 아름다우며 무지보다는 아는 것이 아름답습니다. 아름다움은 승리인 것이요, 승리는 창조의 결과라 생각합니다. 인류의 역사가 찬란한 꽃을 피울 수 있었던 것은 무사안일인 맹종에 있는 것이 아니라 고난진리탐구에 용감히 도전하는 분은 창조적인 삶을 무등의 정기를 이어 받아 영원히 금수강산에 샛별로 웅비하기를 기원합니다.

먼저 자신을 성찰하고 자신의 적성과 분수에 맞는 삶을 살아야 할 것입니다. 같은 구두를 가지고 누구의 발에나 신길 수는 없는 일이고, 그릇이 크면 큰 것을 담고 작으면 작은 것을 담을 수 밖에 없는 것입니다.

인간은 대기만성大器晩成이라고 했습니다. 꿈은 높고 커야 합니다. 가슴은 망망대해처럼 넓고 깊어야 합니다. 최선의 노력을 다한 결과가 그릇의 크기를 결정하는 것입니다. 자기의 그릇이 결정되면 자기 분수에 맞는 삶으로 인간답게 살아가는 방법을 터득하는 것이 무엇보다 중요하다고 생각합니다.

겸허한 자세로 맡은 바 임무에 충실하고, 지금 우리가 살아가고 있는 민족분단이나 빈부격차, 외래문화의 범람, 물질만능 풍조의 팽배 속에서 문민정부라고 하는 우리의 역사적 사회적 현실과 세계관을 올바르게 학습하여 정확한 인식과 새로운 비판적 안목을 기르고 궁극적으로 진리를 깨달아, 인류의 평화와 행복의 증진에 기여하는 창조적인 光商人이 됩시다. 통일과 정의·복지 국가와 자주적인 민족문화 확립과, 자기 분수에 맞는 삶을 영위하여 광상인의 빛나는 전통을 이어받아 금수강산의 골짜기마다 여러분의 격조 높은 정신과 우렁찬 함성이 퍼져 새 역사창조의 영원한 메아리가 되기를 기원합니다.

지혜로운 삶

장미꽃 봉오리로 밝고 착하고 아름답게 피어오르는 광주여상 여러분의 얼굴은 의지와 꿈과 이상의 결합체입니다. 종교적 신앙과 도덕적 이념이 희미한 물질만능의 현실 사회에서는 지혜롭게 살기 위한 노력이 필요합니다. 표리부동表裏不同하고 교언영색巧言令色한 삶을 배척하고 묵묵히 임무에 최선을 다하고, 비록 우직하게 보이지만 우리 앞에 놓은 역경의 바윗덩어리를 산정으로 몰고 가는 「시지프스」와 같은 끈기 있는 사람, 억압과 고난의 현실에는 자신과 조국을 위해 과감히 도전하는 용기 있는 젊은이를 찾고 있습니다.

인간은 실패하고 재도전하는 끈기가 없이는 발전할 수 없는 존재입니다.

F.A맥켄지는 「대한제국의 비극」에서 대한제국이 멸망하게 된 세 가지 이유를 다음과 같이 말하고 있습니다. 첫째, 가장 큰 이유는 정치인들의 부패다. 정부가 세금을 거두어들이는 일과 상민을 희생하면서 몇몇 사람에게 특권을 허락해 주는 일이다. 관리들은 매관매직에 바빴고 권력과 돈에 눈이 어두웠다. 둘째, 대원군의 쇄국정책에 있다. 셋째, 민중들의 무지에 있었다. 유학은 어렵고 양반들만이 배웠다.

5천년 역사는 참으로 많은 아픔과 혼란과 좌절 속에서 면면히 이어 왔습니다. 그것은 지식인들의 올바른 주인정신이 없이 타인의 의식 속에서 자기와 타협하는 사태와 무사안일의 연속이었기 때문이고 최선을 다하지도 않고 그저 좋은 결과만을 기대하고 바라는 어리석은 마음의 소유자가 많았기 때문입니다.

고요한 유은의 아침 바다를 출범하여 거친 태평양의 茫茫大海를 항해할 광주여상 여러분에게 다섯 가지를 당부하고 싶습니다.

첫째로, 정직해야 합니다. 신의가 있고 양심적이며 청렴결백한 사람이 됩시다. 정약용의 「목민심서」에 「청렴은 선과 덕의 원천이다.」라고 말했습니다.

둘째로 겸손해야 합니다. 안하무인격인 사람은 가정과 사회의 평화를 파괴하고 직장의 화기애애한 분위기를 깨뜨립니다. 주역에 「만초손겸수익滿招損謙受益」이란 공자님이 즐겨 익힌 글귀로 「가득 할수록 고개가 숙여지고, 겸손하면 이롭다.」라는 뜻입니다.

셋째로 근면해야 합니다. 실력은 노력의 대가요, 남보다 더 열심히 노력하는 근면성은 성공의 비결이라고 하지 않은가?

넷째로 건강해야 합니다. 一少五多 (少食, 多動, 多休, 多忘, 多泄, 多接)의 건강법과 규칙적인 생활을 해야 합니다.

다섯째로 사랑이 충만해야 합니다. 자연과 모든 사람을 사랑하고 은혜에 고마움을 느껴야 합니다. 이웃과 조국을 위한 봉사정신도 사랑에서 비롯됩니다.

「志士仁人 殺身成仁」이란 말은 지사나 인자는 의롭게 자기 생명을 바쳐서 인을 이룬다는 희생정신입니다. 노예를 해방시킨 미국의 링컨대통령은 누구에 대해서도 악의를 품지 않고 모든 사람을 사랑했습니다. 이기주의는 나라의 발전을 가로막는 암적 존재임을 알아야 합니다.

光州女商 여러분!

정직, 겸손, 근면, 건강, 사랑을 실천하여 사회에서 존경받는 꼭 필요한 교양인이 되어 주십시오, 그것이 오늘을 지혜롭게 살아가는 길입니다. 눈물 묻은 빵도 먹어 보았고 참기 어려운 인간의 고뇌도 맛보았을 것입니다.

그러므로 어떠한 생존경쟁에서도 乘勝長驅할 것입니다. 자부심과 긍지를 갖고 모교의 빛나는 전통을 이어받아 망망대해의 인생항로를 힘차게 항해하기를 기원합니다.

슬기로운 삶

인류 역사상 슬픔과 분노의 연속이었던 丁卯 年은 추억의 한 해로 저물어 버리기를 원합니다. 감상에 젖은 회고만을 허락하지도 않습니다. 오히려 이 땅에 묻혀 졌던 모든 과제들을 지상에 부각시킨 한 해로써, 역사의 바람소리는 모든 이 땅의 과제들이 올바로 풀려질 때, 비로소 丁卯 年은 저물어 버릴 수 있다는 것을 뜨겁게 전합니다. 무진년에는 우리 결코 단념 하거나 좌절하지 않고 끊임없이 전진하며 지혜롭게 살아갑시다. 그러면, 이 땅의 과제들은 올바로 풀릴 것이며 성스러운 희망의 꽃은 꼭 피어날 것입니다.

겨울이 오면 봄은 멀지 않을 것이며 밤이 깊으면 새벽은 멀지 않을 것입니다. 현실의 삶이 형극의 길이고 어둠의 길일지라도 비탄이나 분노만 할 것이 아닙니다. 더욱 진지하게 스스로 판단하고 스스로 주장하고 스스로 실천하며 살아가면 삶의 어려움이 진정한 삶의 환희로 승화될 수 있을 것입니다. 너무나 쉽게 일상생활에 흐름에 편승한 해바라기 성품으로 산다면 그러한 삶에는 분명히 일시적인 안전은 있을지 몰라도 역사적인 삶의 정당성, 삶의 환희, 이상에의 희망은 없을 것입니다.

학생 여러분!

지금 우리가 살아가고 있는 민족분단이나 빈부격차, 외래문물의 범람, 물질만능 풍조의 팽배 속에서 우리의 역사적 사회적 이성과 세계관을 올바르게 학습하여 정확한 인식과 비판적 안목을 기르고 궁극적으로 진리를 깨달아 인류의 평화와 행복의 증진에 기여하는 창조적인 여성이 됩시다. 통일과 정의 복지국가와 자주적 민족문화 확립과 인간적인 삶, 현명하고 용기 있는 삶을 영위할 수 있도록 우리 모두 노력합시다.

아테네의 철학자 소크라테스는 소피스트에 반대하여 진리의 절대성을 주장하였습니다. 젊은이들에게 올바른 인간은 변론술과 처세술로 출세지향의 이기적인 훈련에 도취된 무사고의 노예가 아니라, 자각된 자유의 존재임을 가르쳤습니다. 이것을 젊은이들을 타락케 하는 불온한 교육이라 하여 독배를 마시고 죽게 하였습니다. 태양이 지구 주위를 돈다고 믿고 있던 시기에 지구가 태양 주위를 돈다고 진실을 주장했던 이탈리아의 천문학자 갈릴레이도 민심을 현혹하고 유언비어를 유포했다는 죄명으로 종교 재판에 회부되어 투옥되었으나 자기의 주장을 번복하지 않았습니다. 이단이라는 판정을 받았을 때 "그러나, 지구는 돌고 있다"고 절규했습니다. 의를 위하여 억압받는 자는 오히려 행복합니다. 오늘 불의와 타협하며 비겁하게 살고자 하는 인생은 오늘 하루 살고 영원히 죽지만, 오늘 진리에 따라 정의를 실천하는 용기 있는 삶을 사는 인간은 오늘 죽음으로써 영원히 살아있는 것 입이다. 남보다 많이 생각하고 많이 알고 재력이 있고 권세가 높음이 중요하지 않고 작은 것이라도 정성껏 실천하는 삶, 불의에 항거하는 용기 있는 삶이 더 중요합니다.

학생 여러분!

유마경에 나오는 "온갖 중생이 병들어 있으므로 나에게도 병이 있는 것이니, 만약에 온갖 중생이 병을 이긴다면 내 병도 역시 나을 것이다."라는 자세로 이웃 및 사회전체의 고통에 대해 관심을 갖고 같이 아파하는 자비롭고 정의로운 사람이 됩시다. 일제치하 때 한용운 시인은 우리의 원수는 우리 자신의 무지요, 우리 자신의 게으름 이것이 바로 우리의 가장 큰 원수라고 말했습니다. 밝고 착하고 아름다운 光州女商 여러분은 슬기로운 삶으로 이 시대를 밝히는 활화산으로 훨훨훨 타오르기를 기원합니다.

최선을 다하는 삶

지천으로 피어있는 풀꽃들도 자기만의 독특한 색깔이 있듯이 인간도 어떤 화원에서 오는지 저마다 독특한 색깔의 옷차림으로 태어나 영웅 되고 원고되고 피고가 됩니다. 남을 위해 봉사하고 희생하여 사회에서 존경받는 훌륭한 사람이 있고, 남에게 도움 주지 못하고 무의미하게 살아가는 사람도 있고, 또 남을 괴롭혀 늘 피곤하게 하는 악한 사람도 있습니다. 무한한 가능성을 지니고 있는 광주상고 학생 여러분에게 참된 삶을 영위하기 위해 두 가지만 당부하고 싶습니다.

첫째, '나는 어떻게 살아가느냐' 이 문제가 가장 중요하다고 생각합니다. 인생이 무엇이며 어떤 인생관을 가지고 살아갈 것인가를 늘 생각해야 합니다. 직장이 좋고 나쁨이나, 제물이 많고 적음이나, 학력이 높고 낮음이 그렇게 중요하지 않습니다. 나는 무엇이 되느냐 보다 '어떻게 살아가느냐'가 중요합니다. 학력도 없고 가난한 청소부가 양로원의 불쌍한 노인 한분을 아무도 모르게 아버님으로 모신 눈물겨운 사연은 고관 재벌들이 불우이웃을 외면하는 현실 사회에서 더욱 참된 귀감으로 부응되는 것입니다.

둘째, '최선을 다하는 것'이 중요합니다. 자신의 삶의 길이 화려한 꽃길이 아니고 가시밭길일지라도 노여워하거나 절망하지 말고 주어진 환경 속에서 능력껏 최선을 다해야 합니다. 요셉은 형들의 계략으로 보디발 장군의 노예로 팔려갔지만 노예로서 최선을 다했고, 아름다운 보디발장군 부인의 유혹을 인내와 용기로 물리쳤으나 오히려 누명을 쓰고 옥살이를 하였습니다. 거기서도 최선을 다하였기 때문에 결국 이집트의 총리대신으로 성공한 것입니다.

독일의 음악가 베토벤도 음악가로서는 가장 중요한 시각과 청각을 동시에 잃어버린 어려운 여건 속에서 불후의 명작을 탄생시켰습니다. 용기 있는 삶, 인내하는 삶은 곧 최선을 다하는 삶이고, 어떻게 살아가느냐를 인식하는 사람은 곧 참된 삶을 살아가는 것입니다.

전통에 빛나는 광주상고 학생 여러분!

자신의 적성과 특기를 빨리 발견하여 하루의 일들이 고통의노동이 아닌 즐거운 노동으로 승화시켜야 합니다. 좌절하지 말고 힘차게 놀고 죽도록 공부하며 미치게 친구를 사랑합시다. 젊음은 의지와 꿈과 이상의 결합체입니다. 가장 인상 깊고 정의와 불의, 행복과 불행의 바윗덩어리를 산정으로 계속 밀고 올라가는 '시지프스'의 정신으로 유은동산에 영원히 남아 낮에는 아름다운 꽃으로 피고, 밤에는 훨훨 촛불로 타는 光商人이 되기를 기원 합니다.

선행은 미래의 희망

무등산 영봉에 두둥실 해가 솟는다. 2002년의 아침 해는 황홀한 빛으로 금당산 자락을 물들이고, 인류에게 새 희망과 용기를 갖게 하면서도 한편으로 내일에의 확신이 보장되지 않는 아침을 우리에게 던져 주었으니, '내일 지구의 종말이 올지라도 오늘 한 그루의 사과나무를 심으리라'란 스피노자의 충정으로 이 세상 수많은 선진국들은 교육계획을 국가생존의 미래전략으로 내세우고 학교교육에 대망을 걸고 있습니다.

학교는 배움의 전당으로서 학생들에게 필요한 지식을 전달하고 인격 연마와 자신의 소질을 개발하는 중요한 장소라고 할 수 있습니다. 학생들은 미래에 대한 자신의 삶에 대해 진지하게 고민하고, '무엇이 되어 어떻게 살 것인가'라는 목표를 세우며 목적달성을 위해 필요한 예절, 지식, 기술을 배우는데 전력해야 할 중요한 시기입니다.

교육은 최대 목표인 예절바르고 원만한 인간관계를 갖기 위해서는 항상 여유 있는 마음 자세로 자기보다 상대방을 이해하려는 생각과 남을 먼저 존중할 줄 아는 생활 태도를 가짐으로써 이루어집니다. 예절은 자신의 인격을 높이는 계단과 같습니다. 예절은 하루아침에 연습만으로 이루어지는 것이 아닙니다. 예절은 마음속에서 우러나오도록 힘써야 할 것이며 예절은 정해진 형식에 따르기보다는 상대방의 입장에 서서 상황에 맞게 분위기에 적합하게 인간미를 발휘할 때 상대방은 더 큰 감동을 받을 것입니다.

조금 힘이 세다하여 약한 자를 때리고 억누르고 잘난 체하고 상대방을 인격체로 보지 않는 사람은 존경받지 못하는 못난이입니다. 네 앞에 있는 사람이 바로 너의 거울이니, 네가 웃는 얼굴을 하면 그도 웃을 것이고 네가 의심의 눈초리를 보내면 너 또한 의심받을 것입니다. "마음의 벽을 헐고 진실을 이야기하는 자는 사랑의 승리자다"라고 시인 카솔라는 말했습니다. 네가 진정으로 그 이름을 부르면 그는 너에게로 다가와 영원히 잊을 수 없는 의미로 남을 것입니다.

톨스토이는 〈세 가지의 의문〉이라는 단편소설에서 "인생에서 가장 중요한 시기는 언제 인가? 이 세상에서 가장 중요한 사람은 누구인가? 이 세상에서 가장 중요한 일은 무엇인가? 라는 세 가지 의문을 던졌습니다. 의문을 풀기 위해 많은 학자와 종교인, 정치인들을 만나 물어보았지만 저마다 이기적인 의견으로 달랐습니다. 결국 지혜가 많은 늙은 현인을 찾아가 물어보았습니다. 현인은 이렇게 대답했습니다. "인생에서 가장 중요한 시간은 현재이고, 이 세상에서 가장 중요한 사람은 바로 나 자신이고, 이 세상에서 가장 중요한 일은 내 주위의 사람에게 善을 행하는 일입니다." 미래는 모두 학생 여러분의 것입니다. 항상 자신의 노력으로 창조력을 키우고, 미래를 개척하려는 큰 꿈을 가지고 목표를 설계하십시오. 지금 중요한 것은 미래를 개척하는 현재이며 善을 실천하려고 최선을 다하여 노력하는 자신입니다.

학생여러분! 뜻이 있는 곳에는 반드시 길이 있고 방법이 있습니다. 우리는 목표를 세우되, 명확한 목표, 구체적인 목표를 세워야 포기하지 아니 합니다. 막연한 목표는 힘이 없고 포기하기 쉽고, 달성하기 어렵습니다. 영국의 처칠 수상이 고향의 초등학교를 방문하여 후배에게 '결코 포기하지 마라. 결코 포기하지 마라'는 짧은 명연설을 하였습니다. 목표하는 바를 성취할 수 있고 없고는 누가 더 성실하게 배우며, 바르게 생각하고 포기하지 않고 옳게 행동 하는가 그렇지 않은가에 달려 있다는 의미입니다. 모든 일은 결정하기 전에 신중하고도 철저한 준비가 필요합니다. 이렇게 생각해 볼 때 사람의 일생 중 가장 중요한 시절은 역시 중·고등학교 시절입니다. 여기서 한 가지 경계해야 할 것은 공리주의에 빠지고, 감각적인 쾌락만 추구할 때 꿈을 잃어버리고 또 자신을 잃고 방황해 버린다는 것입니다.

끝으로 21세기의 지식기반 사회에서 소중히 여기는 것은 창의적 재능과 온정적인 품성을 지닌 학생들을 육성하는 데 있습니다. 교육을 통해 이러한 학생들을 올곧게 길러내고, 적절하게 활용할 때 우리의 국력과 민족의 힘은 세계로 활기차게 뻗어나갈 것입니다. 광주여상고의 무궁한 발전을 기원합니다.

6부

철조망에 걸린 반달 제4시집

망산望山

바라볼 수 있다는 그것이 희망이다
얼마나 그립고 아름다운 신비인가
거룩한 사랑과 이별도 살아 있기 때문이다

망산을 바라보면 내 사랑이 보이기에
나는 삶이 전도서 1장 2절 말씀처럼
헛되고 헛되다고는 말하지 않으리라

얼음장 밑에서도 움츠리던 꿈들이
봄빛을 품고 환한 꽃으로 피어나고
우주가 거울 속처럼 보이기 때문이다.

거부의 미학

오늘도 인간은 지혜롭게 살기 위해 노력하고 있다. 그리고 인류의 역사는 찬란한 꽃을 피워 왔다. 인류의 역사가 위와 같이 생성 발전한 것은 고답적으로 답습해 온 획일주의에 있는 것이 아니라, 고난 억압 불의에 과히 창조적 정신의 씨앗을 심는 온실이요, 지혜와 덕의 찬란한 꽃을 피운 성지이기도 하다.
젊음은 의지와 꿈과 이상의 결합체이다. 불의의 현실에는 자신과 조국을 위해 과감히 반항하고 도전하는 용기가 필요하다. 실패하고 재도전하는 실패의 연속이 없이는 또한 발전할 수 없는 존재이다. 반항과 도전이 없는 젊음은 실패도 승리도 없는 무사안일한 사람이다 역사는 항상 변하는 것, 그 역사 발전의 현장에서 젊은이의 반항과 도전이 없다면 역사는 변절되고 현실은 왜곡된다. 결국 미국의 철학자 「마르쿠제」 가 말한 「거부의 미학」 은 없어지고 말 것이다.

5천년 역사는 참으로 많은 아픔과 혼란과 좌절 속에서 면면히 이어 왔다. 그것은 지성인들의 올바른 주인정신이 없이 타인의 의식 속에서 자기와 타협하는 사태와 무사안일의 연속이었기 때문이고, 최선을 다하지도 않고 그저 좋은 결과만을 기대하고 바라는 어리석을 마음의 소유자가 많았기 때문이다.

인생의 황금기! 가장 인상 깊고 아름다운 추억으로 남아야 할 학창시절을 헛되이 보내지 않았나 자신을 성찰해 보자. 보다 새로운 차원의 창조는 자신의 성찰에 있다. 여러분들은 역사의 흐름에 밀려 정든 모교를 떠나야 한다. 용감하게 사회에 도전해야 한다. 그리고 승리자가 되어야 한다. 그럼으로써 자신과 모교도 빛나고 나아가서는 조국과 인류의 행복을 위하는 일꾼이 되는 것이다. 학창을 떠난다고 해서 배움이 끝나는 것은 아니다. 이제부터 시작이다. 스스로 기계 문명 속에서 잃어버린 자신을 발견하고 자신의 분수에 맞는 계획을 수립하고 그 계획을 실천궁행하여 목표점에 도달해야 한다. 개미가 모래성을 쌓은 강한 의지력으로 세파를 헤쳐 나갈 생활인으로서의 새로운 지식을 배워야 한다.

여러분의 신념과 인격과 지혜는 우리 민족의 신념과 인격과 지혜이다. 사회는 교양인을 필요로 한다. 조용히 맡은바 임무에 충실하고 표리부동하지 않는 인간다운 인간을 말이다. 비록 우직하게 보이지만 우리 앞에 놓인 역경의 바위덩어리를 산정으로 계속 몰고 가는 「시지프스」와 같은 사람을 필요로 한다.

인류의 파멸로부터 구제하는 길은 종교적 신앙이나 도덕적인 이념이라고 말한 영국 석학 아놀드 토인비는, 지혜롭게 오늘을 살아가지 위한 젊은이에게 다음과 같은 다섯 가지를 충고 했다.
첫째, 덤비지 말고, 행동하기 전에 생각하라. 충분한 시간 여유를 두고 문제나 과제를 전체적으로 보라.
둘째, 행동할 시기가 성숙되었다고 느끼면 즉시 행동하라. 너무 오래 기다리다가는 서두는 것보다 더 일을 망치기 쉽다.
셋째, 날을 가리지 말고 매일처럼 적당한 때를 잡아 정기적으로 글을 써라. 기분이 안 난다고 미루지 말라.

넷째, 일각의 시간이라도 낭비하지 말라. 오늘이 끝났다고 더할 수 있는 일을 내일로 미뤄서는 안 된다.
다섯째, 언제나 앞을 보라. 자동차 선수들이 목표점이 있는 지평선을 망원경으로 보듯 멀리 앞을 내다보라.

여러분은 직접경험과 간접경험을 통해 사회에서 존경받는 품위 높은 교양인이 되어라. 눈물 묻은 빵도 먹어 보았고 참기 어려운 인간의 고뇌도 맛보았다. 그러므로 어떠한 생존경쟁에서도 승승장구 할 것이며, 강한 투지와 인내를 가진 정신자세는 더욱 살아 웅비 할 것이다. 오늘을 지혜롭게 살아가자. 자부심과 긍지를 갖고 모교의 빛나는 전통을 이어 받아 금수강산의 골짜기마다 여러분의 격조 높은 정신과 지혜를 뿌려 새 역사 창조의 영원한 별이 되어라.

철조망에 걸린 반달

2023년에는 세계 모든 사람에게 큰 고통을 주었던 코로나19는 지구 밖으로 물러나고 그리운 누구인가를 꼭 만날 것 같은 희망으로 찬란한 태양을 바라보고 싶다. 가고 싶고 만나고 싶은 사람을 애타게 그리워 기다리며 옛날의 추억 속으로 빠져본다.

1972년 6월 강원도 양구군 방산면 두타연을 지나 문등리 계곡에서 서쪽으로 올라가는 485OP의 관측장교로 복무할 때의 일이다. 우리나라에서 세 번째로 휴전선에 가깝게 들어가 있는 305GP를 지원하는 관측소이다. 왼쪽에는 백암산1179m 앞에는 어은산1277m 오른쪽엔 대우산1179m이 있다.

금강산으로 가는 길목 문등리 계곡에는 이름 모를 형형색색의 꽃이 봄여름 가을 아름답게 피어 있고 사람은 오고 갈수 없지만 온갖 동물들은 자유롭게 남북을 오고가는 비무장지대이다. DMZ은 밤낮없이 대남방송과 대북방송이 부딪쳐서 벌집을 쑤셔놓은 듯이 문등리 계곡은 붕붕붕 거려서 밤에는 무섭고 불안하고 시끄러워서 잠을 잘 수가 없었다.

1972년 7월 4일 오전 10시 이후락 중앙정보부장의 깜짝 놀라게 한 북한에서의 남북 간 정치적 대화통로와 한반도 평화정착계기를 마련하기 위해 발표한 7·4남북공동성명으로 서로 비방

하는 방송을 중단하니 휴전선은 죽은 듯이 조용했고 온 국민들은 곧 통일이 될 줄 알았다.

세계에서 유일하게 같은 민족이 남북으로 갈라져 총부리를 서로 겨누고 있는 대한민국을 생각할 때 가슴이 미어지는 것 같았다. 멀리 금강산이 보이고 문등리 계곡의 북한 마을 사람들은 가끔 화전火田을 일구면서 남녘 하늘을 바라보며 한숨을 쉬고 있었다. 날마다 그들을 관측하고 북한군이 이동하는 곳에 화집점을 찍고 포사격 명령을 준비하며 기다리는 순간마다 분단의 슬픈 눈물을 흘렸다. 북녘으로 가는 길은 푸를 대로 푸르고 아름다운데 허리띠를 풀어 놓은 듯 한반도 허리를 갈라놓은 저 꼬불꼬불한 녹슨 철조망에 걸려 있는 반달을 보며 쓴 시조가 있어 소개한다.

철조망에 걸린 반달

철조망에 걸린 반달 보름달 될 때까지
하늘나라 샛별 된 누이동생 그리워
날마다 꿈길에 서서 기다리고 있겠소

6. 25의 아픔이 사랑이 될 때까지
단종의 피눈물이 화룡포를 넘쳐도
날마다 긴 침묵으로 기다리고 있겠소

철조망에 걸린 반달 보름달 될 때까지
한 민족 세계사에 갈라진 한반도여
날마다 하나 될 영광 기다리고 있겠소

언어도 하나이고 역사도 하나인데
땅은 벽에 막혔어도 하늘은 열렸으니
한라산 독수리 되어 백두산을 날겠소

철조망에 걸린 반달 보름달 될 때까지
북한의 천연자원 남한의 선진기술
두 영혼 힘을 합하여 미래세계 열겠소

세월은 산을 깎고 바다를 메우는데
남남북녀 보듬고 덩실덩실 춤추며
천지가 감동하도록 노래하며 살겠소

철조망에 걸린 반달 보름달 될 때까지
미움 넘어 이념 넘어 휴전선 갈아엎어
사랑과 믿음으로써 에덴동산 만들겠소.

1974년 6월 30일 포병 중위로 예편하고 그해 8월에 있었던 임용순위고사에 합격하여 9월 1일부터 영광군에 있는 H고등학교에 첫 부임을 했고 1976년 3월 1일부터 사학의 명문 광주상업고등학교, 광주여자상업고등학교, 광주동성고등학교에서 초롱초롱한 눈망울들, 장차 대한민국의 주인공들을 가르치며 보람을 느꼈다. 그러나 명문대학교만 들어가면 모든 것이 끝나는 것처럼 생각하는 교육 현실이 너무 슬펐다. 다양성과 창의성이 가장 존중받는 공간이 교육이다. 획일화 되고 서열화 된 오랜 교육의 상처, 그래서 오늘날 학생들은 자발성과 감성교육의 중요성을 일깨워 주지 못해서 정서가 메말라 있고 마음의 여유를 갖지 못했다. 예능교육과 문학은 인간다운 삶을 영위할 수 있도록 하는데, 국어교사로서 참교육을 실천하지 못한 책임을 통감하면서 38년간의 정들었던 교직생활을 2011년 2월에 마감하였다.

2003년에 계간〈문학예술〉문예지에 시 부문 문학상을 수상했고 2006년 월간〈모던포엠〉에 시조, 2009년 격월간〈수필시대〉에 수필 문학상을 수상하였다. 학생들의 생활지도와 학습연구에 많은 시간을 빼앗겼던 나는 퇴직하고 본격적으로 보고 싶었던 많은 책을 읽고 못했던 문학 활동을 시작하면서 소파문학상, 호남시조문학상, 광주문학상, 용아 박용철 문학상을 수상하며 광주문인협회시분과위원장, 광주문인협부회장, 현대문예 주간으로 새롭고 보람 있게 제2의 인생을 살아가고 있다.

학생들을 가르치면서 느낀 점이나 일상생활 속에서 떠오르는 시상 생각들을 모아서 첫 시집〈시를 쓰는 꽃〉, 자연의 아름다움과 미운 사람을 용서하고 그리운 사람들을 기다리면서 시조집〈미움, 넘어 그리움〉, 분단된 민족의 비극과 전쟁, 통일에 대한 염원을 담은 제3시집〈봄꽃 따라 임에게〉, 제4시집〈시공을 떠돌다 간 별〉를 간행했다.

2020년 5월은 광주민주화운동 40주년이 되는 해여서 광주문인협회 시분과위원회에서는 〈그 도시의 열흘〉이라는 기념시집을 발행했고, 2021년 8월에는 산을 좋아하는 광주문학인들의 작품을 모아서 〈허공을 맞대고 무한대로 서서〉를 간행하여 많은 문인들의 찬사를 받았다.

교직생활 38년보다 퇴직 후의 지금이 더 즐겁고 행복하며 바쁘게 살아간다. 서울〈문학예술〉과 광주〈현대문예〉지에 신인을 발굴하여 문단에 등단시키는 추천작가로 활동하며 신인 작가들의 시평을 쓰고 시인들의 시집 발문도 쓰며 즐겁게 살아가고 있다. 〈호남시조문학회〉에서 '시, 시조 쓰기의 기초' 와 '문학이란 무엇인가' 를 강의 하고 있다. '나는 그 시인의 아름다운 시보다 그 시인의 아름다운 삶을 더 사랑한다.' 라는 김기림 시인의 시론을 신인작가들의 시평에서 강조하고 있다.

오늘 날 모든 퇴직자가 사회에 봉사해야할 일은 첫째 인간다운 인격체를 형성시키는 교육을 해야 한다. 둘째 문학의 과제로 통일문학을 교육해야 한다. 셋째 문학은 재미와 아름다움을 창조해야 한다. 넷째 상상력으로 미래의 비전을 제공하는 글쓰기를 교육해야 한다.

끝으로 봄꽃 따라 북녘으로 올라가서 우리 형제자매 어서 빨리 만나 보듬고 덩실덩실 춤추고 싶은 통일의 염원을 노래한 시조를 소개한다.

봄꽃 따라 임에게

내 머리는 백두영봉 허리는 백두대간
온 누리에 울긋불긋 단풍든 가을은
백두서 금강산타고 한라로 내려오고

내 마음은 임을 향한 그리움의 바다
금수강산에 꽃향기 뿌리며 봄꽃은
한라서 지리산 타고 백두로 올라갑니다

천지 물은 압록강 두만강을 이루고
백록담 물은 흘러 한려수도 이룰 때
천제단
단군신화는 홍익인간을 만들었습니다

대동강은 너의 정맥 한강은 나의 동맥
목마른 한반도에 젖줄로 흘러흘러
서해西海서
서로 보듬고 태평양으로 흘러갑니다

밤하늘 은하수가 갈라놓은 견우직녀
열강이 갈라놓은 남북은 우리남매
오작교 다리를 놓아 어서 빨리 만납시다

동강난 깊은 상처 무궁화꽃 심어놓고
호랑이 포효하는 땅 끝에서 시작하여
삼천 리 강산에 통일 노래를 부릅시다.

긍정적인 삶

아름다운 추억의 꽃잎들이 흙에 묻히듯 무진년은 가고, 만물의 생동을 재촉하는 기사년의 훈풍이 대지에 가득 찬 오늘, 지나간 해를 돌이켜보면 참으로 다사다난한 해였습니다. 어려움도 많았고 진통과 시련 또한 끊이지 않던 격랑의 한 해였습니다.

우리나라는 오랫동안 막히고 닫히고 굴절되었던 사회의 벽을 허물고 인간이 인간답게 살 수 있는 민주와 자율의 질서를 창출해 낸 기념비적 한 해 이였고, 광주여상은 개교 이래 최고의 취업률을 보였고 중앙배 전국 중·고교배구대회에서 준우승의 영광을 차지한 한 해였습니다. 학문의 전당인 이곳 유은동산을 떠나는 졸업생 여러분의 희망찬 앞날을 진심으로 축하하고 격려하는 애정에서 몇 마디의 당부말씀을 드리고자 합니다.

첫째, 긍정적인 눈으로 살자. 장미꽃 한 송이를 보더라도 어떤 사람은 "가시 속에 아름다운 꽃이 피어 있다" 고 기뻐하는데 어떤 사람은 "꽃 속에 날카로운 가시가 있다" 슬퍼한다. 남은 포도주 반병을 보고 어떤 사람은 "아직도 반병이나 남았다" 고 좋아하는데 어떤 사람은 "이제 반병밖에 남지 않았다" 고 불평한다. 위의 경우 전자는 퍽 긍정적인데 비하여 후자는 부정적이다. 색안경을 쓰고 사물을 관찰한다면 모두가 안경 색깔대로 보일 것입니다. 그러나 인간은 색안경 없이 똑바로 있는 그대로 바르게 보고 똑바로 판단하는 노력이 필요합니다. 또 우리 앞에 어려운 일이

닥쳐오더라도 〈나는 능히 해낼 수 있다〉는 자신과 〈하고야 말겠다.〉는 신념이 있을 때 가능한 것입니다.

둘째, 맡은 바 임무에 충실하자. 우리 대한사회는 지금 민주화 되어가고 있습니다. 이 시대를 사는 우리들 에게 적실한 것은 "맡은 바 임무에 충실하자" 입니다. 우리의 공동체 사회가 민주화에로 그 궤를 정했다 할지라도 그 구성원 개개가 민주시민으로서의 의식과 자세를 지니지 못하면 민주화는 어렵습니다. 여러분은 지금 권리와 의무, 자유와 책임을 스스로 감당해 내야할 그 시발점에 서 있습니다. 개개의 권리 주장에 앞서 각자가 의무와 책임을 다할 때 우리 사회는 순조롭게 민주화가 이룩된다고 생각합니다.

셋째, 和而不同하자. 논어에 보면 〈君子和而不同 小人同而不和〉란 말이 있습니다. 이 말의 현대적 의미는 "군자는 전체의 균형 속에서 자신의 개성을 지켜가지만, 소인은 전체의 균형도 깨고 자신의 개성도 지켜나가지 못한다는 뜻입니다" 이 구절 중에서 〈화이부동和而不同〉은 원만하고 따뜻한 성품을 가졌으면서도 흔들리지 않는 뚜렷한 개성을 보이는 사람을 형용하여 이 말을 쓰기도 합니다. 사람마다 자율과 화해를 앞세우는 요즘 세태에서 보면 참으로 재음미 해 볼만한 말입니다.

졸업생 여러분! 유은동산에서 얻은 심오한 지식을 바탕으로 날로 뻗어가는 나라의 전도에 발맞추어 무한히 확대될 무대에서 각자 「긍정적인 눈으로 맡은 바 임무에 충실하며 화이부동」 하시기를 바랍니다. 온갖 불의와 타협하지 않으며 공정과 정의를 실현해 가기를 바라며 여러분의 앞날에 무궁한 영광과 행운이 함께하기를 기원 합니다.

외할머니의 착각

따르릉 따르릉 어린이 집에서 전화 연락이 왔다. 외손녀 김지수가 고열(39.5도)과 감기 끼가 있다고 연락이 와서 외할머니가 집으로 데리고 왔다. 어린이 집에서 감기약을 먹였다고 했는데 외할머니는 해열제를 먹인 것으로 착각을 했다 아이는 계속 고열로 울면 힘이 빠져 몸이 축 늘어졌다. 부랴부랴 2주일 전에 퇴원했던 미래아동병원에 1시경에 갔다. 하필 점심(12시 30분~14시까지)시간이었다. 간호사가 체온을 재보니 39.5도였다 해열제를 먹였느냐고 물었다. 외할머니가 먹였다고 했다. 깜짝 놀라며 여기는 진료 시간이 오후2시니까 앞에 있는 한일 병원 응급실로 가보라고 하니 아이 엄마 외할머니 외할아버지는 더 놀라 물에 빠진 사람 지푸라기 잡는다는 조급한 마음으로 한일 병원 응급실로 뛰어갔다. 담당의사가 식사하다가 나와서 여기는 소아과가 없으니 아동병원으로 가야하지요 하며 미지근한 물을 적신 수건으로 아이 몸을 마사지하면 열이 약간 내려간다는 응급처치뿐이었다. 아이는 울며 맥없이 처져 있는 모습을 보고 있는 우리의 심정을 겪어 보지 안한 사람은 모를 것이다. 왜 이렇게 아동병원 진료 시간 2시는 멀고먼지 발을 동동 구르며 나도 모르게 기도하고 있었다.

가만히 생각해 보니 어이가 없었고 화가 치밀었다. 2주일 전에 입원했던 아동병원에 응급상항으로 왔는데 점심시간이라고 일

반병원 응급실로 가라는 것은 아무리 생각해 보아도 어불성설이었다. 어린이 집 선생님께 다시 전화로 확인해보니 감기약을 먹였는데 해열제를 먹인 것으로 외할머니가 착각했던 것이다.

맨 먼저 예약 접수를 하고 2시가 되어 전번 의사에게 진료를 받고 해열제 주사를 맞았더니 지수가 좋아하던 과자도 장난감도 마다하고 만사가 귀찮다고 울던 지수가 금방 열이 내리고 처방약도 가지고 집으로 왔더니 정상으로 돌아 왔다.

말을 잘 못하는 아이들에게는 돌봐주는 어른들이 세밀하게 관찰하고 잘 보살펴 주어야 한다. 외할머니의 착각으로 고통 받았던 지수를 생각하니 미안하고 마음이 아프다. 해열제만 먹였더라면 고열로 고통 받지 않았을 텐데… 멍청한 할망구 때문에 큰일 날 번했구나. 세상에서 제일 똑똑하고 예쁜 김지수야 외할아버지가 용서를 빈다. 미안하구나.

- 2012년 8월 24일

그날 밤 기도를 생각하며

1970년 12월 13일 하얀 눈이 펑펑 쏟아지는 겨울밤이다. 충장로 4가 복다방과 조흥은행 앞길은 아무도 걷지 않는 죽은 듯이 조용한 유령도시의 밤이다 무릎까지 빠지는 눈길이었다. 길 좌우측에는 이층판자 집으로 즐비한 서부영화에서 본 택사스 거리로 바뀌어 있었다.

발자국 하나 없는 눈길, 아무도 걷지 않은 밤 12시가 가까운 시간에 생전에 보지 못한 미모의 애인과 걷고 있었다. 그때 카우보이모자를 쓴 갱 5명 중 두목이 권총을 빼어들고 말한다. 너의 애인을 우리에게 넘겨라 하며 4명이 나의 애인을 끌고 간다. 나는 죽어도 안 된다며 갱단을 따라가며 격투를 했다. 너 이러면 죽어 두목이 권총으로 내 앞을 가로 막는다.

내 애인은 이층 판자 집 계단으로 갱단에 끌려가면서 '래홍씨 살려 주세요'를 수없이 외친다. 저놈들이 내 애인을 왜 끌고 갈까 생각하며 내가 사랑하는 연약한 여인을 내 목숨이 아깝다고 그냥 둘 수는 없었다. 나는 저 권총만 없으면 죽을 때까지 싸우고 싶었다. 내 앞을 가로막고 있는 두목의 권총을 재빠르게 걷어찼다. 권총은 저 멀리 눈 속에 묻혔다. 권총을 집으려고 달려갔다. 발걸음이 떨어지질 않는다. 두목이 먼저 달려가 권총을 집어 들었다. '너 이러면 정말 죽는다.'

나는 무서움이 없었다. 의리와 정의에 불타고 있었다. 두목과 격투가 벌어졌다. 두목의 얼굴을 주먹으로 힘껏 때리는 순간 두

목은 나의 가슴을 향해 권총을 팡팡 두 발을 쏘았다. 나의 복부에서 빨간 피가 하얀 눈 위로 펑펑 쏟아져 나왔다. 나는 숨을 쉴 수가 없었다. 바람이 총구멍으로 새어 나왔다. 죽음이 두려웠다 살고 싶었다. 자살하는 모든 사람도 내가 지금 죽어가고 있다고 의식할 때는 죽음이 두려웠을 것이다. 다시 살고 싶었을 것이다. 누가 나를 빨리 병원으로 데려다 주었으면 하고 '사람 살려요'하고 소리를 크게 질렀지만 소리는 나오지 않고 바람이 되어 빨간 피와 함께 총 맞은 구멍 복부에서 쏟아진다. 꿈이면 빨리 깨어나라고 허벅지를 꼬집어 봤다. 아팠다. 꿈이 아니었다. 나는 눈 위에 쓰러졌다. 피가 눈과 섞이어 주변이 선명한 빨간 피로 흥건했다. 점점 의식이 없어져 가고 있다. 내가 이렇게 고생만 하다가 죽어 가고 있구나 생각하니 눈물이 주르륵 흘러내렸다. 고향에서 고생하시는 부모님 모습이 떠올랐다.

'하나님 내가 다시 살수만 있다면 각고의 노력으로 훌륭한 사람이 되어 사회에 봉사하고 나라를 위해 살신성인의 자세로 용감하게 살겠습니다. 정말 살려만 주십시오.'라고 기도를 했다. 그런데 꿈을 이루지 못하고 이렇게 허무하게 고생만 하다가 죽어가고 있구나! 순간 숨이 뚝 끊어졌다. 지옥같이 깜깜했다.

눈을 떴다. 꿈이었다. 숨을 쉴 수가 없었다. 나의 목을 누르고 있는 크고 무거운 유도선수 친구의 허벅지가 나의 가슴을 누르고 있었다. 방바닥엔 땀이 피처럼 흥건했다. 두려움에 일어나서 불을 켰다. 새벽 2시였다. 괘종시계가 2시를 칠 때 두발의 권총 소리로 들렸던 것이다. 정말 실감나는 꿈이었다.

하나님께서 일찍 꿈을 통해 죽음을 일깨워주신 것 같다. 나는 그날 밤 꿈속의 기도를 생각하며 열심히 바르게 살려고 노력했다.

7부

세월 속에 묻힌 나를 찾아

– 광주정신 학술대회

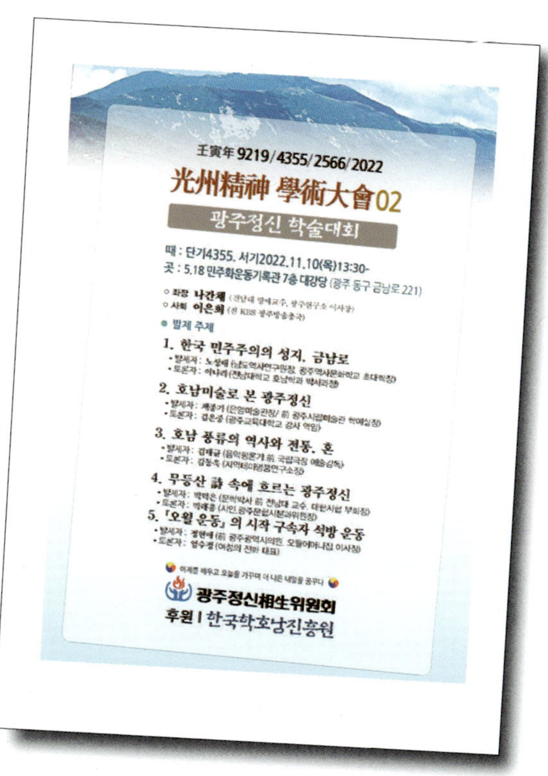

백로白鷺

비단옷도 싫고 기와집도 싫은
광주천 백로의 바래버린 외로움이
남광주
새벽시장의 술잔에 넘실넘실

남광주 다리 밑에 노을이 질 때까지
홀로 서 비 맞으며 강태공 되었구나
사람은
추석이라고 고향 찾아 가는데

무소유 법정스님 닮았을까
강물을 술통삼은
철학자 디오게네스를 닮았을까

싱싱한 생선회에 햇빛만을 즐기는
백로는 보헤미안 옷도 절도 없구나.

무등산 詩 속에 흐르는 광주정신

발제자: 박 덕 은 전 전남대교수 문학평론가
질의자: 박 래 흥 시인, 광주문인협시분과위원장

무등산 詩 속에 흐르는 광주정신이라는 박덕은 교수님의 연구발표 잘 들었습니다. 작가들은 크게 3.1운동 시속에 흐르는 광주정신, 4.19 시속에 흐르는 광주정신, 5.18 시속에 흐르는 광주정신을 가지고 시를 써야 한다는 귀중한 글을 읽고 배운 바가 많습니다. 감사합니다.

교수님의 연구발표에 대하여 전적으로 동의하고 공감합니다. 광주에서 글을 쓰는 작가들은 광주정신을 꼭 알고서 창작활동을 해야 좋은 글이 되겠다고 생각하면서 간단하게 3가지 문제를 질의하겠습니다.

질의 1) 3.1운동 시 속에 흐르는 광주정신, 4.19 시 속에 흐르는 광주정신, 5.18 시 속에 흐르는 광주정신을 이미 연구한 바 있는 연구자가 이번에는 '무등산' 시 속에 흐르는 광주정신을 다루게 된 특별한 동기라도 있습니까?

3.1운동 시 속에 흐르는 광주정신, 4.19 시 속에 흐르는 광주정신, 5.18 시 속에 흐르는 광주정신에 대해서는 2021년 학술

세미나에서 연구 발표를 한 바 있습니다. 그때 약간의 아쉬움이 있었습니다. 광주 시민의 정신적 지주인 무등산, 무등산에 대해 노래한 시들 속에도 광주정신이 융융히 흐를 것이라는 예감이 들어서였습니다. 언젠가 기회가 되면, 무등산 시들을 모아 분석해 본 다음, 무등산 시 속에 흐르는 광주정신에 대해 다뤄 볼까 했는데, 이번 2022년 학술 세미나에서 기회를 얻게 되어, 이렇게 집필하게 되었습니다. 연구 결과, '무등산' 시 속에 흐르는 광주정신도 대단했습니다. 여러 각도로 무등산을 해석하고, 시적 형상화를 해놓고 있어, 무궁한 탐구의 오솔길을 걸을 수 있었습니다. 정말 멋진 경험이었습니다. 이왕 내친 김에, 언제 기회가 되면, 이번에는 충장로 시에 흐르는 광주정신, 금남로 시에 흐르는 광주정신도 다뤄 보고자 합니다. 그런 기회가 언젠가는 오리라 믿습니다.

질의 2) 우리나라 시에는 산을 노래한 시가 많습니다. 백두산 시가 가장 많았고 금강산 시, 지리산 시, 한라산 시, 무등산 시의 순서이었습니다. 무등산을 노래한 많은 시속에 흐르는 광주정신을 탐구하면서 특별히 깨닫는 점이 있다면 무엇이 있습니까?

만약 무등산이 광주에 없었다면, 어찌 되었을까. 생각만 해도 아찔합니다. 그만큼 무등산은 광주 시민들의 정신적 의지 처와 방향의 깃발이었습니다. 탐구해 보니, 무등산은 평범한 산이 아니었습니다. 평등의 산, 어머니 같은 산, 눈뜨게 하는 산, 선비의 산, 희망의 산, 위로의 산(달래주는 산), 피눈물과 피의 역사를 눈 부릅뜨고 지켜보는 산(경계의 눈을 한시도 떼지 않고 지켜보는 산), 자존감 높은 산, 쉽사리 현실에 안주하지 않는 산,

민주주의를 지켜주고 보호해 주는 산, 온화하고 품 너른 산, 진리 추구하는 산, 정의로운 산, 예술로 승화시키는 산, 평화의 산, 삶의 활력 불어 넣어 주는 산, 정화의 산, 지혜의 산, 지조 있는 산, 변함없는 산, 믿음직한 산, 자유의 산이었습니다. 이 얼마나 대단하고 위대한 산입니까. 이 무등산 덕택에 광주 시민은 영원히 민주주의와 자유와 평화를 사랑하고 지켜가게 될 것 같습니다.

질의 3) 광주는 예부터 예향의 도시로 불리웠으며 아시아문화전당건립과 함께 문화도시라는 정체성을 국가적 차원에서 획득하게 되었습니다. 특히 예술 분야 중에서 장자의 역할을 하는 분야가 문학입니다. 무등산 시속에 흐르는 광주정신을 연구하면서 보완해야 할 시 창작 방향은 무엇이라고 생각하십니까?)

무등산은 어머니, 무등산은 아버지, 무등산은 자유, 무등산은 평화, 무등산은 평등, 무등산은 민주주의, 이런 식으로 메타포를 사용할 경우, 시의 다채로운 해석, 시의 다양화, 시의 여러 시선 등이 밋밋해질 우려가 있어 보입니다. 그뿐만 아니라, 주제 노출이 심해서 시의 맛과 멋이 급감할 수 있는 약점이 있습니다. 아무리 무등산이 위대한 산일지라도, 시적 형상화 과정을 거쳐야 합니다. 우선, 이미지 구현을 통해 에둘러 표현해야 합니다. 가급적 주제 노출을 최대한 피하면서, 이미지의 입체화, 새로운 해석의 도입, 새로운 각도로 사물을 해석하고 바라보는 훈련, 즉 낯설게 하기를 통해 싱그러운 표현을 발굴하고, 아이러니, 패러독스, 디코럼 등 여러 표현기법을 배치하여, 시의 품격을 더욱 높여 가야 할 것입니다.

광주정신학술대회

늘 시대를 선도하는 당당함과 정의로운 相生의 빛고을
壬寅年
4355(103)
2566/2022
광주정신 학술대회(談論)2

박래흥 명예퇴임식

홍조근정훈장 수여식

교육공로상 수여식

박래홍 명예퇴임식

퇴임식 인사말

광주광역시문화예술상 문학부문

박용철 문학상 수상자

박래홍 작품발표 문예지(2022. 10. 1까지)

번	문예지	게재	번	문예지	게재
1	문학예술	24번	19	호남시조	10번
2	모던포엠	13번	20	한글문학	3번
3	수필시대	3번	21	한국문인	3번
4	문예운동	5번	22	용아문학	5번
5	청하문학	10번	23	서은문학	8번
6	시원	8번	24	생명의 빛	5번
7	문학秀	5번	25	문장21	2번
8	문학공간	7번	26	대한문학	2번
9	한국시인연대 사화집	10번	27	광주문학	17번
10	창작산맥	7번	28	문학마당	3번
11	문학세계	6번	29	나눔문학	2번
12	시세계	2번	30	국제펜광주	5번
13	시학과 시	7번	31	광주전남시조문학	7번
14	현대문예	18번	32	인쇄계	1번
15	서석문학	3번	33	사학연금	2번
16	문학춘추	4번	34	조대문학	3번
17	동산문학	5번	35	향토시사랑회	3번
18	한국예인문학	5번	36		

박래흥 연도별 신문문예지 작품 발표

번	신문문예	종목	내용	연도	비고
1	겨레시조	황진이	즐겨 외우는 시조 박래흥	1992/가을	
2	광주교육	어린봄날	박래흥 시	2005. 7	교육과학 연구원
3	인쇄계	이달의 시	박래흥 채석강	2006. 11	
4	대구신문	좋은 시를 찾아서	박래흥 시를 쓰는 꽃	2008. 4	
5	한국교직원신문	새로 나온 책	박래흥 시를 쓰는 꽃	2008. 12	
6	대구신문	좋은 시를 찾아서	박래흥 봄이오는 길목	2009. 2	
7	경북연합 일보	새벽을 여는 시	박래흥 천사나팔꽃	2015. 10	
8	청하문학회	공동발행인	박래흥	2014~2017	한국문학 진흥재단
9	광주매일	문학마당	박래흥 아버지의 지게	2019. 6	
10	광주매일	문학마당	박래흥 참나무	2020. 2	
11	광주매일	문학마당	박래흥 철모속에 핀 꽃	2021. 6	
12	광주매일	문학마당	박래흥 무등산·85	2023.9	

박래흥 연도별 수상내력

번	상장	종목	내용	연도	비고
1	표창장	자유교양대회	우수지도 교사상	1975. 9.13	영광군 교육장
2	위촉장	교육월보	편집위원	1998.10 ~2000.10	교육부장관
3	표창장	전국백일장	우수지도 교사상	2001.10.	광주대학교 총장
4	교육 공로상	전국교직원 노동조합	우수교사상	2002. 5.15	위원장 이수호
5	표창장	스승의 날	우수교사상	2002. 5.15	광주교육감 김원본
6	교육 공로상	대한사립 중고등학교장	우수교사상	2009. 6.26	회장 최수철
7	홍조근정 훈장	대한민국	우수교사상	2011. 2.28	대통령
8	소파 문학상	대한민국	우수문학상	2018.10.27	소파문학 기념사업회장
9	호남시조 문학상	대한민국	우수문학상	2021.	호남시조 협회회장
10	광주 문학상	광주문인협회	우수문학상	2021.	광주문인협회
11	용아박용철 문학상	광주광역시	우수문학상	2022.12.7	광주광역시장

박래흥 시인 문학의 발자취

1965년 조대대학교부속고등학교 문예부에서 활동하며 송기원 1972년(동아일보 소설 신춘문예 당선, 조선일보 시 신춘문예 당선) 친구와 학교교지를 만들고 시와 수필을 쓰며 문학적 소질을 발휘했다.

1968년 조선대학교 국어국문학과에 입학하여 선배 김만옥 시인, 김준태 시인, 김종 시인, 박판석 시인과 교우하며 박홍원 교수님, 문병란 교수님께 시를 공부하며 학교교지 및 학교신문에 작품을 발표했다.

1972년 6월에 21사단 183포병대대 B포대 관측장교, 연대연락장교, 대대병기과장으로 비무장지대를 보며 남북분단의 슬픔을 56편의 시로 노래했다. 강원도 양구군 방산면 교회에서 장병들과 학생들에게 시와 자서전 쓰는 법을 지도했다.
1974년 8월 국어과목 임용순위고사에 합격하여 9월 1일부터 영광해룡고등학교교사, 1976년 3월부터 광주상업고등학교교사, 광주여자상업고등학교교사, 광주동성고등학교에서 국어교사로 38년 근무하였다. 2011년 2월 7일에 명예퇴직 하였다.

2003년 문병란 교수님의 추천으로 〈문학예술〉에 詩로 등단하였다.

2006년 〈모던포엠〉에 時調로 등단하였고 2009년 〈수필시대〉에 隨筆로 등단하였다. 2020년 광주문인협회시분과위원장으로 5.18 40주년 기념시집 〈그 도시의 열흘〉을 발간하였고 지금은 광주문인협회부회장이며 광주문학인산악회 부회장으로서 산행시집 〈허공을 맞대고 무한대로 서서〉를 발간하였다. 〈문학예술〉, 〈수필시대〉 공동발행인 및 추천작가, 〈호남시조〉, 〈현대문예〉 주필로 10여 년 동안 시, 시조, 수필 글쓰기 지도로 봉사하고 있다.

문학등단

1. 2003년 가을 계간〈문학예술〉 시 문학상 수상
2. 2006년 여름 월간〈모던포엠〉 시조 문학상 수상
3. 2009년 가을 격월간〈수필시대〉 수필 문학상 수상

문학활동

1. 〈한국문학예술가협회〉 광주전남지회장 역임
2. 〈세계모던포엠작가회〉 호남지회장 역임
3. 〈청하문학회〉 이사, 공동발행인 역임
4. 현〈용아박용철기념사업회〉 이사
5. 현〈서은문병란문학연구소〉 이사
6. 현 광주·전남시조문학회 이사
7. 현 호남시조문학회 부회장
8. 현〈현대문예〉 신인작품상 심사위원, 편집 주간
9. 현〈한국문학예술〉 신인작품상 심사위원, 편집위원
10. 현 매천황현문학상 심사위원
11. 현 광주문학인산악회 부회장

12. 현 민족통일광주광역시협의회 부회장
13. 현 광주문인협회부회장, 한국문인협회원
14. 현 전국 시·도 문학인 교류대회 총괄운영위원장

문학작품

1. 시집 〈시를 쓰는 꽃〉 2008년 〈문학예술〉 발간
2. 시조집 〈미움, 넘어 그리움〉 2017년〈문학예술〉 발간
3. 제3시집 〈봄꽃 따라 임에게〉 2021년〈문학공간〉발간
4. 제4시집 〈철조망에 걸린 반달〉2023년〈시와 사람〉 발간
5. 수필집 〈시공을 떠돌다 간 바람〉2023년〈현대문예〉 발간
6. 박래흥 편집한 공저
   ㉠ 〈서석대의 빛과 그늘〉 〈문학예술〉 발간
   ㉡ 〈내 영혼의 불꽃으로〉 〈모던포엠〉 발간
   ㉢ 〈문학에 길을 물어〉 〈문학예술〉 발간
   ㉣ 〈가난한 사람들의 꽃다발〉 〈문학예술〉 발간
   ㉤ 〈무등산 숲길에서〉 〈문학예술〉 발간
   ㉥ 〈염원〉 (사)〈민족통일광주광역시협의회〉 발간
   ㉦ 〈허공을 맞대고 무한대로 서서〉 〈명성서림〉 발간
   ㉧ 〈철조망에 걸린 반달〉 〈시와 사람〉 발간
   ㉨ 〈빛고을 금남로에서〉 〈문학예술〉 발간

(2023. 3. 1까지)

●● 박용철 문학상 수상

2022 광주광역시 문화예술상 시상식
2022 광주광역시 문화예술상 영예의 수상자
문학 부문
박용철 문학상
현)광주문인협회 시분과위원장

2022 광주광역시 문화예술상 시상식
시를 쓰는 꽃

2022 광주광역시 문화예술상 시상식

2022 광주광역시 문화예술상 시상식

홍조근정훈장 제 25227 호

훈 장 증

광주동성고등학교

교감 박 래 흥

귀하는 교육자로 재직하는 동안 헌신적으로 봉사하여 국민 교육 발전에 이바지한 공로가 크므로 대한민국 헌법에 따라 다음 훈장을 수여합니다.

홍조근정훈장

2011 년 8 월 31 일

대통령 이 명 박

국무총리 김 황 식

이 증을 근정훈장부에 기재합니다

행정안전부장관 맹 형 규

박용철 문학상

제2022-471호

박 래 흥

귀하는 박용철 선생의 숭고한 예술정신을 드높이고 그 뜻을 이어받아 지역 문화예술의 창조적 계발과 발전에 기여하여 기회도시 광주 건설에 이바지한 공로가 크므로 표창합니다.

2022년 12월 7일

광주광역시장 강 기 정

소파문학상
박 래 홍
귀하는 우수한 창작활동을 통하여 문단발전과
소파문학 정신을 기림에 공헌한 바가 지대하여
2018 소파문학상 수상자로 선정되었기에 그 창작
정신을 기리고자 이 상패와 부상을 드립니다.
2018년 10월 27일
사)한국지역문학인협회 이사장
소파문학기념사업회장 황 하 택

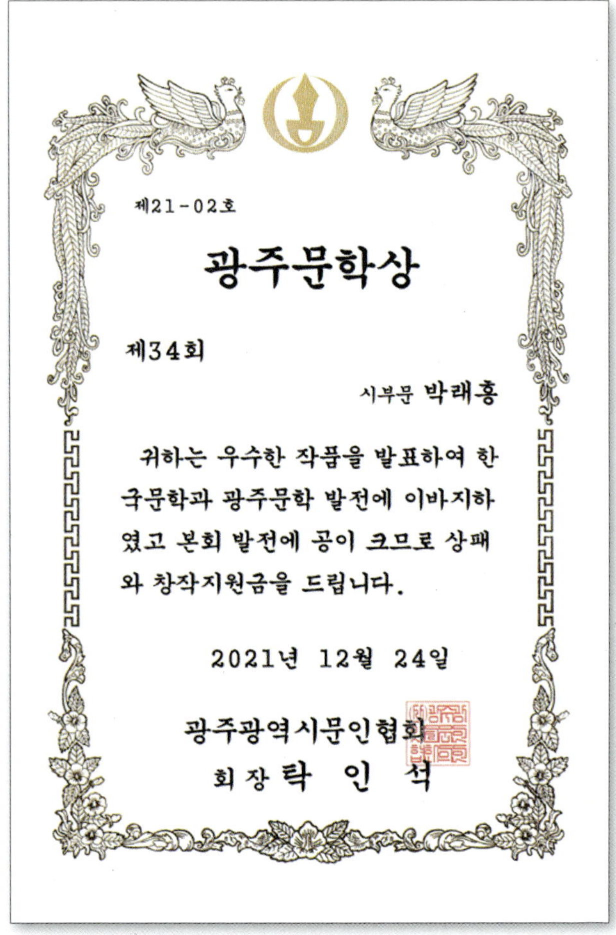
제21-02호

광주문학상

제34회

시부문 박래홍

귀하는 우수한 작품을 발표하여 한국문학과 광주문학 발전에 이바지하였고 본회 발전에 공이 크므로 상패와 창작지원금을 드립니다.

2021년 12월 24일

광주광역시문인협회
회장 탁 인 석

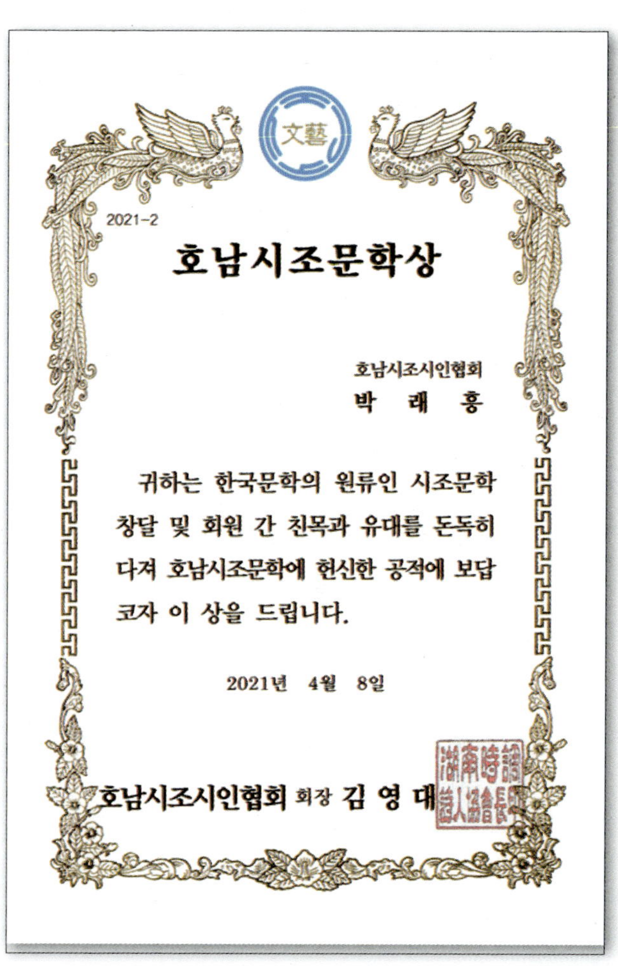

2021-2

호남시조문학상

호남시조시인협회
박 래 흥

귀하는 한국문학의 원류인 시조문학 창달 및 회원 간 친목과 유대를 돈독히 다져 호남시조문학에 헌신한 공적에 보답코자 이 상을 드립니다.

2021년 4월 8일

호남시조시인협회 회장 김 영 대

위 촉 장

성명 박 내 홍

소속 동 성 중 학 교

새 학교 문화 창조와 교육 홍보의 활성화를 위해 열정적 노력을 쏟고 계시는 귀하를 교육월보 현장편집 위원으로 위촉합니다.

(위촉기간 : 1998.10.15~2000.10.14)

1998년 10월 15일

교 육 부 장 관

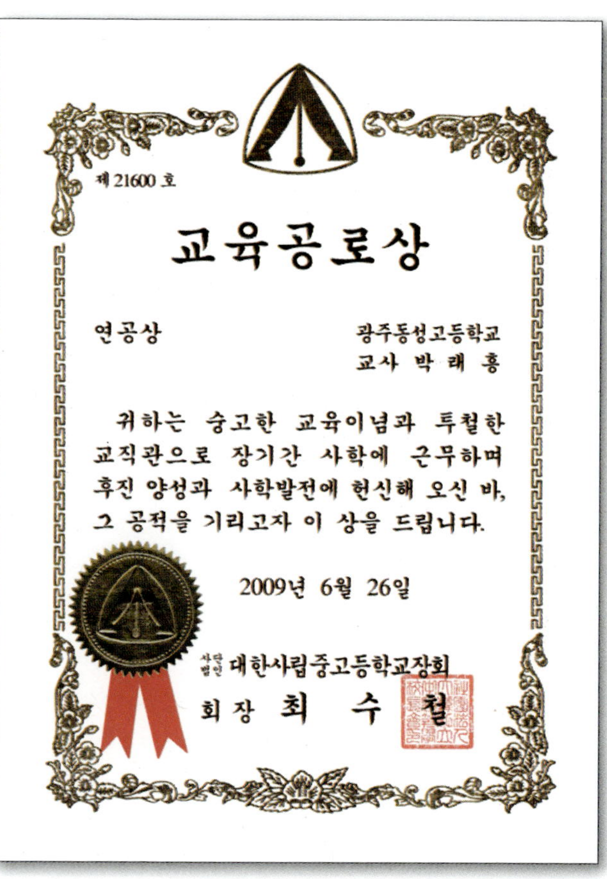
제 21600 호

교육공로상

연공상

광주동성고등학교
교사 박 래 흥

귀하는 숭고한 교육이념과 투철한 교직관으로 장기간 사학에 근무하며 후진 양성과 사학발전에 헌신해 오신 바, 그 공적을 기리고자 이 상을 드립니다.

2009년 6월 26일

사단법인 대한사립중고등학교장회
회 장 최 수 철

교육공로상

학 교 : 광주여자상업고등학교

성 명 : 박 래 홍

아이들에 대한 사랑과 헌신으로, 참교육에 대한 신념으로 교단을 지켜 오신 선생님께 뜨거운 동지애로 존경과 감사의 뜻을 담아 이 상을 드립니다.

2002 년 5 월 일

전국교직원노동조합
위원장 이 수 호

제 413 호

표 창 장

우수지도교사상

광주여자상업고등학교

성명 : 박 래 홍

선생님은 문예반 학생을 성심껏 지도하여 본 대학 주최 제3회 전국 고교생 문예 백일장에서 우수한 성적을 거두었기에 그 공을 치하하여 이 표창장을 드립니다.

2001 년10 월 13일

광주대학교 총장 이 재 원

제 379 호

표 창 장

광주여자상업고등학교
교사 박래흥

선생님께서는 평소 숭고한 교육애와 투철한 신념으로 학생 교육과 건전한 교육 풍토 조성에 솔선수범하여 다른 사람의 귀감이 되었으므로 제21회 스승의 날을 맞아 그 공로를 기리어 표창합니다.

2002년 5월 15일

광주광역시교육감 김 원 본

분수에 맞는 삶

아름다운 계림동의 추억들은 경양호의 반짝이던 물결로 사라지고, 광주상고는 이젠 금당산의 봄으로 새롭게 움트고 있습니다. 영원한 역사 속에 조용히 癸酉年은 낙엽으로 묻히고 만물의 생동을 재촉하는 甲戌年의 훈풍이 무등산에 가득한 오늘, 눈감고 지난해를 돌이켜보면 참으로 정치적 변화도 많았고, 큼직한 사건들도 유독 많았던 격랑의 한 해였습니다.

사랑하는 후배 여러분!

지난 과거는 항상 아쉽고 미래의 희망은 큽니다. 큰 희망은 작은 과거로 흘러가버리는 경향이 많습니다. 그것은 분수에 맞지 않는 계획수립과 오늘의 삶에 최선의 노력을 하지 못했기 때문입니다. 광상인은 먼저 자신을 성찰하고 자신의 적성과 분수에 맞는 삶을 살아야 할 것입니다. 같은 구두를 가지고 누구의 발에나 신길 수는 없는 일이고, 그릇이 크면 큰 것을 담고 작으면 작은 것을 담을 수밖에 없는 것입니다.

인간은 大器晩成이라고 했습니다. 광상인의 꿈은 높고 커야 합니다. 광상인의 가슴은 망망대해처럼 넓고 깊어야 합니다.

최선의 노력을 다한 결과가 그릇의 크기를 결정하는 것입니다. 자기의 그릇이 결정되면 자기 분수에 맞는 삶으로 인간답게 살아가는 방법을 터득하는 것이 무엇보다 중요하다고 생각합니다.

'이 극'은 사람됨을 살피는 관점으로 다음 다섯 가지를 들었습니다.

첫째, 평소 그 사람이 어떤 사람과 가까이 하는가?

둘째, 부자인 경우는 어떤 사람을 돕는가?

셋째, 지위가 높은 경우는 어떤 사람을 채용하고 있는가?

넷째, 어려운 처지에 있을 때는 나쁜 일을 하는가 하지 않는가?

다섯째, 가난할 경우는 부정하게 재물을 취하는가 취하지 않는가?

사랑하는 후배 여러분!

자기 분수에 맞는 그릇은 어떤 것이며 어떤 삶이 인간다운 삶인가를 '이 극'을 통해 분별할 수 있을 것입니다. 금당산의 새날이 힘차게 밝아 왔습니다. 광상인의 강한 인내와 투지의 정신자세는 더욱 살아 웅비할 것입니다. 젊음은 의지와 꿈과 이상의 결합체입니다. 젊은이의 신념과 인격과 지혜는 우리 민족의 힘입니다.

우리 민족의 역사가 생성 발전하는 것은 고답적으로 답습해 온 획일주의나 무사안일주의에 있는 것이 아니라 고난, 억압, 불의에 과감히 반항하고 도전하는 용기와 창조적 정신에 의거했기 때문입니다. 불의의 현실에는 과감히 반항하고 도전하는 행동의 양심이 필요하고, 조국을 위해서 개인의 영달보다 희생정신이 필요했습니다. 실패와 재도전 없이는, 개혁의 희생 없이는 조국의 역사와 문화는 발전할 수 없는 것입니다.

사랑하는 후배 여러분,

겸허한 자세로 맡은 바 임무에 충실하고, 지금 우리가 살아가고 있는 민족분단이나 빈부격차, 외래문화의 범람, 물질만능 풍조의 팽배 속에서 문민정부라고 하는 우리의 역사적 사회적 현실과 세계관을 올바르게 학습하여 정확한 인식과 새로운 비판적 안목을 기르고 궁극적으로 진리를 깨달아, 인류의 평화와 행복의 증진에 기여하는 창조적인 광상인이 됩시다. 통일과 정의·복지 국가와 자주적인 민족문화 확립과, 자기 분수에 맞는 삶을 영위하여 광상인의 빛나는 전통을 이어받아 금수강산의 골짜기마다 여러분의 격조 높은 정신과 우렁찬 함성이 퍼져 새 역사창조의 영원한 메아리가 되기를 기원합니다.

『수필시대』 제100호

『수필시대』 제100호 발간을 진심으로 축하합니다.

세월이 참 빠릅니다. 시로 먼저 등단하여 활동하다가 수필은 『수필시대』로 등단하였습니다. 등단한지가 벌써 15년이란 세월이 흘렀습니다. 금년 7월에 첫수필집 『시공을 떠돌다 간 바람』이 광주광역시문화예술상 문학부문 박용철 문학상수상 지원금으로 발간하게 되었습니다. 한국문단에서 핵심적인 역할을 하고 있는 최고 문예지인 『문예운동』, 『수필시대』의 무궁한 발전을 기원하며 15년 전의 당선 통지문을 받아보고 가슴이 뛰었던 순간을 회상해봅니다.

축하합니다.

응모해 주신 수필〈어머니의 국밥〉이 당선되어 3,4월호에 게재됩니다. 당선소감과 사진, 프로필을 보내주시기 바랍니다.

건강을 빕니다.

2009. 1. 6. 성기조

『수필시대』 문예지에 제가 응모한 〈어머니의 국밥〉이란 수필이 당선되었다는 교원대학교 교수요, 한국문학의 최고 지성인이신 문학박사 성기조 발행인님의 문자를 받고 매우 기뻤습니다. 영광스러웠습니다. 평상시 제가 존경하는 교수님이시기 때문이었습니다.
성기조교수님을 처음 만났던 곳은 2005년경 한국지역문학인교류대회 때 화순금호리조트에서입니다. 지면을 통해 이미 알고는 있었지만 대면한 적은 없었습니다. 전국 문인들이 300여명이 만나 2박 3일 전국 문학인 교류대회를 할 때 광주·전남문학에 대한 강의를 하셨는데 너무나 깊고 해박한 지식의 말씀으로 전국에서 모이신 많은 문인에게 큰 감동을 주셨습니다.

그 첫날밤 저녁식사를 하고 음주가무飮酒歌舞를 즐기는데 박판석 시인이 성기조교수님께 술 한 잔 권할 테니 사진을 찍어달라는 것이었습니다. 그래서 저도 같이 사진도 찍고 술잔도 나누고 명함도 주고받고 하였습니다. 말씀이 점잖고 문학 강연도 지적으로 논리정연하게 잘하시고 정말 인품은 군계일학群鷄一鶴이었습니다.

수필은 산문으로 작가의 체험이나 보고 듣고 느낀 것들 또는 자신의 심경 등을 과장이나 꾸밈없이 진솔하게 그려내는 문학입니다. 따뜻하고도 소박한 인간적인 정겨움과 체취가 숨결처럼 잔잔히 흐르고 이미 존재한 대상을 설명하고 관념을 부여하는 구실을 하는 것이 수필이요, 이것이 독자들의 마음속에 전해져 은은한 감동과 공감을 안겨주는 것이 수필의 특성이라 말할 수 있습니다.

서울 종로에 있는 빌딩 시상식에 참여하여 등단 패牌를 받고 축하해주신 지인들과 함께 청계천을 돌아보고 남산타워에 올라가서 서울 시내를 마음껏 구경했습니다. 그날이 나에게는 최고의 기쁜 날이었습니다.

청계천

감동의 수필시대 신인상 가슴 안고
고난의 역사 속을 첫사랑 도란도란
세천
피라미들을 한강으로 몰고 갈 때

물총새 날갯짓은 빌딩 숲 숨 가쁜데
기도하듯 자정하며 낮은 곳 향하는 물
나의 삶
저 물과 같이 살아가자 다짐하며

백합화 꺾어보니 진달래 안고 싶고
빈곤과 살다보니 부귀영화 그리워
눈물로 넘어온 남산 황혼은 아름답다.

대한민국 전국 시·도 문학인 교류대회와 대한민국 문학 메카 고문으로서 해마다 광주에서 열리는 행사에 몸도 불편하시고 거리도 먼데 꼭 참석하시어 귀감이 되는 좋은 말씀으로써 광주문인 아니 전국문인들의 찬사를 받고 계십니다.

성기조 박사님 후학들을 위하여 지금까지 헌신하셨으니 이젠 건강한 몸으로 꽃길만 걸으십시오. 건강하셔야 한국문학이 찬란한 꽃을 피우고 『문예운동』, 『수필시대』가 훌륭한 문예지로 발전할 것입니다. 끝으로 청하문학 관계자 여러분께서도 건강하시고 꽃길만 걸으시기를 기원합니다. 감사합니다.

부여의 율림산방栗林山房에서

부여군 은산면에서 2,500평의 밤농사를 짓고 있는 김진호(교장퇴임), 박귀옥(교장퇴임) 부부의 초대를 받고 栗林山房을 찾아 나섰다.

미치도록 하늘이 푸르고 화창한 2023년 5월 12일 9시 30분 광주고속버스터미널에서 샌님처럼 착실하게 살고 있는 김제민 친구, 三錦會를 잘 이끌어 가고 있는 만년사무국장 김효순 친구, 도청 고위직에 근무했던 나상근 친구, 교직에서 정년퇴임한 오옥현, 오종효, 진성일, 박래홍(필자)와 경찰공무원 퇴임한 유승재 만년회장과 함께 고속버스에 몸을 싣고 공주로 출발했다.

70세 중반의 나이들로 곱게 익어가는 반가운 얼굴들 속에서 아련히 초등학교 수학여행 가는 모습이 떠오른다. 여수로 증기기관열차를 타고 온 종일 칙칙폭폭 수학여행을 갔다. 한일여관에서 하룻밤을 자고 아침에 진남관을 구경하고 선착장에서 담임선생님께서 나눠주신 오징어다리를 하나씩 씹으며 통통배를 타고 오동도를 향했다. 처음 보는 바다 처음 타보는 배였다. 수평선에 외롭게 떠있는 작은 바위섬을 바라보며 저 섬에는 무엇이 살고 있을까 상상의 세계로 빠져갈 때 갑자기 큰 파도로 배가 요동을 쳤다. 나는 중심을 잃고 비틀하며 옆에 서있는 김효순 친구를 보듬고 말았다. 넘어온 파도에 옷을 다 젖었다. 잠시 후 양발을 벗고 배에서 내려 불가사리, 소라를 잡으면서 오동도에 올라갔다. 호기심이 많은 나는 맨 먼저 달려서 등대에 도착했다. 땀을 닦으며 송뢰소리를 듣고 있을 때 오옥현 친구가 옆에 따라와 서 있었다.

나이가 들었어도 수학여행 가는 들뜬 마음이었다. 차창 밖 파노라마처럼 펼쳐지는 풍경을 바라보면서 우리나라 자연은 사계절이 뚜렷하고 계절마다 특색이 있어 너무나 아름답고 세계 7위의 경제대국 잘사는 나라라고 흐뭇하게 생각하는 사이 나도 모르게 눈을 감고 선잠에 빠지고 말았다.

세월이 흘러 친구들도 많이 변해 있었다. 허리도 아프고 또 전립선의 비대로 고통 받고 있는 우리들은 긴 여행이라 매우 소변이 마려워 고통스러웠는데 마침 이인 휴게소에서 15분간 쉬었다 간다하니 너무 반가웠다. 배출구를 열고 가득 찬 오줌통을 비우니 하늘을 날아갈 것처럼 한결 몸이 가벼웠다. 이것이 바로 카타르시스katharsis가 아닐까.

휴게소 앞 의자에 오옥현, 오종효, 김효순이가 가지고온 찰떡을 펼쳐 놓고 하나씩 나눠 주었다. 속 알이 푸르스름한 찰떡을 받아들고 맛있게 먹고 난후 버스에 탑승하여 12시 쯤 공주종합터미널에 내린 일행은 배낭을 메고 친구들과 함께 근처 전주식 콩나물국밥 식당으로 가서 모주라는 술 한 잔에 점심을 맛있게 먹었다. 모두 다 흡족해하며 좋아했다.

잠시 후 1시 40분 버스를 타고 부여에 도착하니 터미널 앞에 이미 인천에서 임봉주 친구와 부산에서 양관묵 친구가 와있었고 곧 바로 김진호 친구가 도착하여 우리 일행과 합류하여 한없이 반가웠다. 김진호 차와 택시 한 대를 대절하여 목적지 김진호 친구 집을 향해 출발하여 약 30분 후에 부여군 은산면 오번지 1구에 도착했다.

김진호 집은 절간처럼 조용하고 고즈넉했다. 차를 3번이나 갈아타야만 올수 있는 김진호 친구 집 교통은 불편했지만 너무나 즐거웠다. 짐을 풀고 난후 밤 단지 수목을 구경하면서 곰치, 고사리를 꺾었다. 시기가 지난 탓에 고사리는 드문드문 있었다. 나의 눈에는 정력에 좋다는 엉겅퀴꽃만 보였다. 쑥은 흐드러지게 많았지만 꺾지 않았다.

다음은 저녁식사 준비 시간이다. 栗林山房 정자에 자리를 잡고 진호 친구가 준비한 두툼한 돼지삼겹살, 수박, 상추, 산에서 뜯은 취나물, 양파, 소주, 맥주, 밤으로 만든 밤술, 반질반질하고 말랑말랑한 쑥떡, 설익은 밥으로 배부르게 먹고 마셨다. 누구를 좋아했다는 코 흘린 시절의 이야기, 에피소우드episode, 담소를 나누면서 웃고 즐기니 음식 맛은 배가되었다. 모두들 즐거운 탓인지 얼굴엔 웃음가득 행복해 보였다.

13일 다음날 아침 설익은 밥으로 누룽지를 만들어 김치, 멸치볶음, 들깻잎으로 간단히 준비했지만 모두들 맛있게 먹었다. 오늘 일정은 부여 부소산성과 정림사지 오층석탑이다. 동네버스를 타기위해 마을 어귀에 10시경에 도착하여 기다렸는데 드디어 10시 40분에 버스가 왔다. 좀 지루했지만 친구들 얼굴은 밝은 표정이었다. 30분후에 부여에 도착하여 부소산성으로 발걸음을 옮겼다. 날씨가 더워 이마엔 땀이 좀 젖어 있었다. 매표소에 가니 노인은 무료란다. 입장하여 조금 걸으니 나무숲이 있어 걷기가 좋았고 시원했다.

부소산성엔 낙화암, 백화정, 고란사, 사자루, 반월류, 군창지, 영일루, 삼충사 표지판이 있는데 우리 일행은 낙화암, 백화정 고란사를 둘러보면서 사진도 찍고 막걸리도 마셨다. 고란사에서 물을 떠 마시니 약물이라서 그런지 맛도 좋고 기운이 솟는 기분이었다. 그러나 아쉬운 것은 고란초를 찾았지만 우리 일행은 발견하지 못했다.

잠시 후 우리 일행은 백마강호 유람선에 올랐다. 출항과 동시에 '백마강 달밤에 물새가 울어' 노래가 은은하게 흘러나왔다. 노랫말처럼 달밤이었으면 더욱 풍광은 아름다웠으리라 생각했다. 소정방이가 솟아오른 바위에서 용을 낚았다는 바위도 보았다. 삼천궁녀가 꽃잎처럼 떨어져 죽었다는 낙화암 절벽을 보면서 눈물을 흘렸다. 신라의 삼국통일은 역사적으로 아주 잘못된 통일이었다. 광개토대왕릉비가 있는 요동 땅도 빼앗기는 원인이 되었고 백제권이 푸대접 받는 원인이 되었다. 의자왕의 눈물, 백제의 억울한 눈물을 나는 보았다.

약30분 선유를 마치고 하선한 다음 읍내 가까운 식당에서 우리는 각자의 취향에 맞는 청국장정식, 불고기백반, 산채나물비빔밥 등의 음식을 시켜 먹었다. 옛날 어렸을 적 어머님이 끓여주신 청국장 생각이 스쳐갔다.

점심을 먹고 난후 우리 일행은 정림사지 오층석탑을 향해 발걸음을 옮겼다. 가는 도중 날씨가 더워서인지 몸이 나른하고 피곤했다. 몇 번의 교직원수련회 답사를 했기 때문에 대충대충 구경하고 말았다. 수시로 역사의 현장은 바뀌고 있기 때문에 좀 더 꼼꼼히 살펴 볼 걸 후회가 된다. 여행하면서 어떤 친구는 활기차게 걷고 어떤 친구는 걸음이 느리고 둔해 보였지만 끝까지 버티는 모습이 안쓰러웠지만 멋지고 아름답게 보였다.

그 후 우리 일행은 동네 버스를 타고 김진호 집을 향해 은산면 오번지 1구에 도착하여 여장을 풀었다. 잠시 후 찬물로 샤워하고 상쾌하고 나른해진 몸이 가벼워 졌다. 숙소에서 각자 자유롭게 휴식을 취했다. 저녁 식사는 햇살반에 간단한 반찬으로 가볍게 식사하면서 소주와 맥주를 마셨다. 얼마 시간이 지난 다음 진호 친구가 오래 동안 아껴두었던 아주 귀한 양주 2병을 가지고 왔다. 평소에 술을 좋아하지 않은 여자 친구들도 주거니 받거니 하면서 취기가 올랐다. 취중유골이라 했던가. 그동안 숨기고 살아왔던 가정이야기도 허심탄회하게 말했다. 조금 있으니 흥에 겨워 돌아가면서 박수를 치며 흘러간 노래를 부르면서 흔들고 춤까지 추었다. 모두들 한마음이 되어 즐거워했다.

14일이 새벽이 밝아왔다. 5시에 잠에서 깨어난 나는 죽은 듯이 조용한 율림산방栗林山房에 앉아서 명상에 잠겼다. 밤하늘의 그믐달이 너무나 아름다웠다. 인천에 사는 임봉주 친구가 아침 일찍 아쉬운 작별인사를 했다. 상근이도 덩달아 진호 친구 차를 타고 부여로 떠났다. 아침 식사를 간단히 먹고 진호 친구가 바리바리 싸준 고사리, 쑥떡, 옷, 모자, 썬그라스를 배낭에 넣고 떠날 준비를 했다. 10시 40분 버스에 맞추기 위해 트럭에 짐을 싣고 정류소에 왔다. 우리 일행은 진호 친구와 아쉬운 작별 인사로 다음을 약속하며 헤어졌다. 초대해 준 친구에게 진심으로 감사함을 느끼면서 부여에 도착했다.

부산에 살고 있는 양관묵 친구는 대전에서 병원을 경영하는 아들집으로 간다고 하여 석별의 정을 나누었다. 남은 광주 일행은 11시 40분 버스를 타고 1시에 공주에 도착했다. 나는 다음날 있을 건강검진 때문에 김제민 친구와 크림빵으로 점심을 대신하고 14시 20분차로 광주로 향했다.

남은 일행은 김효순, 오옥현, 오종효, 진성일, 유승재 다섯 명 뿐이었다. 간단히 점심을 먹고 공산성으로 걸어서 갔다고 하였다. 끝까지 같이 하지 못해서 미안하고 아쉬웠다. 그들의 후담을 소개한다.

백제의 두 번째 도읍지인 웅진성으로 공산의 성벽을 쌓았는데 전체적으로 들쭉날쭉하며 성벽 총길이가 2660미터이고 아래로 금강의 물줄기가 도도히 흐르고 있었다. 성벽을 오르는 과정에 잘못 난코스를 오르다보니 정상까지 나무계단으로 경사가 약 60도 정도 되는데 거의 오르막으로 되어있어 오르는데 힘들었다. 친구 1명은 등정을 포기했고 다른 친구1명은 도전하여 겨우 힘들게 정상에 올랐다. 정상에서 삼총사 사진을 찍고 금강을 바라보며 휴식을 취했다. 하산 할 때는 길도 넓고 경사도 완만하여 수월하게 공산성 입구에 도착하니 친구가 기다리고 있었다.

그 후 다섯 명 일행은 200번 시내버스를 타고 공주터미널에 도착하니 오후 6시가 되었다. 저녁은 빵과 우유를 먹고 휴식을 하며 기다리다 19시 25분 광주 버스를 타고 광주에 도착 시각이 21시 20분이었다. 생각보다 30분 정도 빨랐다. 친구와 작별 인사하고 집에 도착하니 10시쯤 되었다고 한다.

고란사

낙화암 삼천궁녀 영혼 깃든 고란사
부석산 이곳저곳 백제의 슬픔들이
하이얀 목련꽃처럼 떨어져 처연하다

거룩한 나라사랑 황산벌 핏빛 계백
떠난 님 그리워서 눈물짓는 백마강
신라의 삼국통일이 고란초 꽃만 할까

8부

밀양박씨 세계도世系圖

– 조상의 얼을 찾아서

동심속의 하루

누런 코 들랑달랑 진호, 상근 보이고
이복순 선생님의 풍금소리 속에서
예쁘게 미소 지으며 효순이가 나오는

푸릇푸릇 5월에 고모령顧母嶺 넘어가니
내 고향 곰실마을
취, 고사리 꺾으며
제민이 옥현, 종효가 佳岩山을 오른다

산속에 파묻히니 우리는 예쁜 봄꽃
사랑의 눈빛 속에 설렘이 없으면
세상에 아름다움은 영원히 없을 것이다.

밀양박씨 세계도世系圖
- 조상의 얼을 찾아서

新羅始祖王 1세 朴赫居世 67대(경주) ※6세까지 왕

2세 남해왕

3세 유리왕

4세 일성왕

5세 아달라왕

6세 갈문왕-(7세 무영-8세 판득-9세 광흠-10세 미일
- 11세 내물乃物-12세 상건-13세 인엽-14세 보계輔啓-15세 명신
- 16세 정환貞-17세 노겸露兼-18세 남선楠善-19세 금산-20세 응찬
- 21세 덕흥-22세 대녕-23세 니순尼淳-24세 융검隆劍-25세 지곤
- 26세 성순)

↓

27세 선성왕宣聖王

28세 신덕왕神德王

29세 경명왕景明王-경애왕景哀王(동생)

↓

30세 ①밀성대군密城大君 언침彦忱 (密城 令 密陽)※9형제

②고양대군 언성彦成 (高陽 令 高靈)

③속함대군 언신彦信 (속함速咸 令 咸陽)

④죽성대군 언입彦立 (죽성竹城 令 竹山)

⑤사벌대군 언창彦昌 (사벌沙伐 令 尙州)

⑥완산대군 언화彦華 (완산完山 令 全州)

⑦ 강남대군 언지彦智 (강남江南 令 順天)

⑧ 월성대군 언의彦儀 (월성月城 令 慶州)

⑨ 교순交舜

31세 욱–32세 란–33세 영정–34세 기세–35세 시주施做–36세 찬행讚行

↓

中祖 37세 도평의공都評議公1세 언상彦祥 30대

(큰집 언부彦孚 태사공太師公파 작은집 언인彦仁 좌복사공左僕射公파)

2세 양신–3세 직–4세 인경–5세 검–6세 설–7세 창밀–8세 거인–9세 승봉(義齊公)–10세 덕명

↓

47세 돈제공파 11세 연생衍生19대(담양월산)

(큰집 춘생春生 양상파 큰집 인생仁生 청주파)

–12세 문아文雅–13세 현손–14세 종원

↓

51세 정혜공15세 박守良15대(1491~1554)(장성황룡)※형 守溫 동생 守恭, 守儉

명종임금님이 백비를 하사하고 99칸 한옥을 지어줌

임진왜란: 선조 25년 1592년 4월 ↓

52세①박사우思愚16세 14대 ※동생②사노思魯③全④平⑤孝男⑥叔男⑦終男

53세 오산鰲山17세 박상경尙敬13대(나산연대산)※동생 상근尙謹,成男,尙男

창평현회昌平縣會

정유재란:1597년 8월 때 아치실 99칸 한옥 소실됨

54세18세 박윤수允壽12대(평뫼)※동생 允立(뒷동산 아랫문중)允鎭(영산포문중)

崇仁殿參奉 ※곰실 마을에 터를 닦음
55세19세〈박취신就信11〉(평뫼 세우부인 묘 왼쪽) ※형 행섬行暹 동생就生(평뫼)
56세20세〈박세우世佑10〉(앞산 동백나무) ※부인(평뫼 박시정묘 왼쪽) ①박시중時中(해뜬골박권상)문성–효근–중형–양진–동선–창용–균문–팔구–래웅(동운)
57세21세②〈박시정時廷9〉(평뫼 부인 연대산) ※2023년 연대산으로 합장함
58세22세①〈박문철文哲8〉(선산아래1) ※朴文哲종중 회장 박래흥 ※동생②박문한文漢(모래굴뒤)민구, 상호
59세23세〈박예근禮根7〉(선산위1)
60세24세〈박중갑重甲6〉(평뫼 도로변 왼쪽 오른쪽 학진 묘)
61세25세〈박연진延震5〉(선산위2) ※형 학진, 봉진
62세26세〈박동식東植4〉(선산아래2)
63세27세(1)박언용彦容(쪼박뫼3)①.박균윤均胤–창구昌求–래영(양자)
민구旻求–래영, 래흥, 래훈
화순, 현순, 현숙
②.박균일均馹–영구榮求–래호, 래석, 래현
인구仁求–문성, 준옥
(2)박홍용弘容(선산옆)①.박균술均述–풍구豊求–래진, 래권, 래문
선구善求–창현
②.박균두均斗(양자감)–정구政求–래혁, 래웅, 래섭, 래길
돈구敦求–래환, 래찬
용구龍求–홍준
③.박균승均乘–남구南求–재현
(3)박철용喆容(?) 박균두均斗(양자옴)

(4)박성용聖容(평뫼산)①. 박균봉均琫-구철-래원

중구-상욱, 래준

찬구-상태, 상도, 상진

정구-성은

②. 박균회均繪-승소-래수

승치-건신,

(현구, 근구, 연구)

③. 박균주均輳-숭구

재구-준모, 준명

(학구, 철구)

④. 박균진均軫-춘구-홍국

⑤. 박균성均成-준구, 현구

時空을 떠돌다 간 바람

첫날에 응애응애 시공에 태어나서
빈손으로 오아시스 찾아 땀 흘리며
인생길 시공을 떠도는 바람으로 살았다

바람처럼 떠돌다 머무는 곳 고향이다
그리움이 수평선 넘어 파도처럼 밀려와
바윗돌 같은 가슴에 부딪쳐 깨어졌다

황혼에 로뎅의 생각하는 사람으로
앉아보니 청춘의 부귀영화 노을빛도
인생은 비바람이요 전도서 1장2절이다

현대문예 작가선 · 169
시공을 떠돌다 간 바람 | 박래홍 수필집

지은이 / 박 래 홍
펴낸이 / 황 하 택

찍은날 / 2023년 9월 20일
펴낸날 / 2023년 9월 25일
발행처 / 도서출판 현대문예

주소 / 61479 광주광역시 동구 천변우로 361-6
전화 / (062) 226-3355 팩스 / (062) 222-7221
cafe.daum.net/ht3355
E-mail / ht3355@hanmail.net

등록번호/ 제05-01-0260호
등록일자/ 2001년 12월 31일

정가 15,000원
ISBN 978-89-94028-93-4 03800

* 이 책은 2022 광주광역시문화예술상 박용철문학상
지원금으로 제작하였습니다.